Ich denke nach über Dein Wort

HANS ALBERT HÖNTGES

Ich denke nach über Dein Wort

Meditationen ein Jahr hindurch

Einhard-Verlag

CIP Kurztitelaufnahme der Deutschen Bibliothek
Höntges, Hans Albert
Ich denke nach über Dein Wort :
Meditationen ein Jahr hindurch, Hans Albert Höntges
Aachen: Einhard-Verlag, 1985
ISBN 3-920284-15-1

1985 Einhard-Verlag, Aachen

Umschlag:
Ernst Barlach, Der Gläubige vom Fries der Lauschenden,
Detail, Barlach-Haus Stiftung Haus Reemtsma Hamburg
Foto: H.-P. Cordes

Gesamtherstellung: Druckerei und Verlagsanstalt
Albert Höntges & Söhne KG, Krefeld

Printed in Germany

Den jungen Menschen,
denen ich so viel verdanke

INHALT

Wachsam sein – aber auf was?

Während ich dies schreibe, ist mir unbehaglich zumute. Bei mir wurde nämlich eingebrochen: gestern abend um diese Zeit. Ich hatte mein Haus verlassen, um zwei Besuche zu machen – da ist es passiert. Seid wachsam. Ich war nicht wachsam genug gewesen: auf der Gartenseite hatte im ersten Stock die Balkontür aufgestanden. Die hätte ich besser verschlossen.

Jetzt hat diese Mahnung des Evangeliums für mich eine ganz ungewohnte Aktualität bekommen: Seid wachsam. Im 13. Kapitel des Markusevangeliums ist von der Wiederkunft Christi die Rede – und darauf bezogen von der Wachsamkeit. In der ersten Generation der Christen war die Überzeugung verbreitet, das Kommen Christi würde sich bald ereignen. Es gab welche, die gingen schon nicht mehr arbeiten, es lohnte sich nicht mehr, wenn das Ende nahe bevorstand.

Aber ein Ereignis, das dann nicht eintritt, macht die Aufmerksamkeit müde und die Erwartung unwirklich. Das Alltägliche, das Diesseitige beherrscht die Szene – die Wiederkunft Christi wird Literatur. Seit meiner Erstkommunion habe ich schon sechsundvierzigmal am ersten Adventsonntag von der Wiederkunft Christi gehört. Immer wieder – wie gehabt.

Ist es da nicht verständlich, wenn man den Aufruf zur Wachsamkeit mit der Zeit nicht mehr so ernst nimmt? Und daß es eines so drastischen Erlebnisses wie eines Einbruchs bedarf, um davon wieder betroffen zu sein. Seid wachsam! Wenn der Satz aber *einen* Sinn haben soll, dann den, daß er betroffen macht.

Ich habe im Gespräch mit jungen Menschen darüber nachgedacht, wie man dieses Jesuswort auf eine richtige Weise ernst nehmen kann. In diesen Gesprächen haben wir das so lange falsch verstanden, wie wir diese Stunde, da der Herr kommt, lediglich in die Zukunft verlegt haben. Ich kann nicht jahrelang in wacher Spannung auf eine zukünftige Stunde hin leben. Das hält keiner aus. Wer die Gegenwart in

die Zukunft verlegt, wird nicht schlauer. Wir müssen die Zukunft in die Gegenwart verlegen.
Nicht bald spielt sich das ab, oder später, oder noch lange nicht, *jetzt* spielt sich das ab – oder überhaupt nicht. Seid wachsam – ich komme zu einer Zeit, die ihr nicht kennt.
Wir haben keine andere Zeit, als die, in der wir eben jetzt leben. Der Advent hat viel mehr mit der Gegenwart zu tun, als wir meinen. Natürlich hat der Advent auch etwas mit der Vergangenheit zu tun: in der Erinnerung an das Kommen Jesu – damals. Es gibt viele schöne Bräuche, mit denen wir uns daran erinnern: Adventskranz, das Licht einer Kerze, Krippe, Geschenke. Aber diese schönen Dinge haben auch die Neigung, sich zu verselbständigen – und dann meinen wir, wir hätten das Geheimnis berührt, wenn wir die Requisiten aufstellen. Nur wenn sie Ausdruck sind von der inneren Wachheit über das Kommen Christi, haben sie einen Sinn. Und natürlich hat der Advent etwas zu tun mit der Zukunft: in der Glaubensüberzeugung, daß am Ende dieser Welt das Christusereignis alles beherrscht. Aber auch hier ist die Gefahr des Mißverständnisses: Wenn ich nur in eine ferne Zukunft schaue – und die so unübersichtlich weit weg ist – dann wird die Aufmerksamkeit leer und gleichgültig. Weder der Blick in die Vergangenheit, noch der in die Zukunft lassen uns erkennen, worauf es ankommt: die Stunde, in der wir sein Kommen nicht vermuten, ist immer jetzt. Aber wenn das Kommen sich jetzt ereignet, woran können wir ihn dann erkennen?
Das kann nichts Spektakuläres sein. Das muß etwas Alltägliches sein. Gott kommt in den kleinen Dingen, in dem, was wir von morgens bis abends erleben.
In den Büchern des Alten Testamentes wird eine ergreifende Geschichte erzählt. Auf der Flucht vor seinen Gegnern verbarg sich Elija in einer Höhle. Da ging der Herr an der Höhle vorbei. Ein Sturm brach los, aber der Herr war nicht in dem Sturm. Auf den Sturm folgte ein Beben. Aber der Herr war nicht in dem Beben. Auf das Beben folgte ein Feuer. Aber der Herr war nicht in dem Feuer. Nach

dem Feuer kam ein leises Säuseln. Als Elija das wahrnahm, verhüllte er sein Gesicht – und siehe, der Herr sprach zu ihm.

Gott spricht zu uns in den kleinen, leisen Dingen. Alles kann das sein: ein Satz in einem Gespräch, in einer Predigt, in einem Artikel, in einem Buch. Ein Alltagserlebnis kann das sein, eine Frage, die einer stellt, eine Beobachtung, die einer macht, eine Bemerkung, die einer fallen läßt. Gott verbirgt sich hinter allen Dingen. Seid wachsam – das heißt, daß wir alle Dinge mit Gott in Beziehung bringen.

Wir bringen nämlich viel zu wenig die Dinge mit Gott in Beziehung. Viel zu oft – und viel zu stark bringen wir die Dinge nur mit uns selber in Beziehung.

Nichts anderes ist mit Advent gemeint – als diese starke und einseitige Beziehung auf uns selber zu lösen – und zu versuchen, die Dinge auf Gott zu beziehen. Die ganze Religion, sagte Ignatius einmal, besteht darin, herauszutreten aus sich selbst – und aufmerksam und frei zu werden für Gott.

Dafür könnte dieser Advent wieder eine Übungszeit sein. Diese Übung erfordert nichts, was nicht jeder kann: aufmerksam sein, die Dinge, die uns begegnen, auf Gott beziehen. Das ist keine zusätzliche Arbeit, das spielt sich ab in dem, was ohnehin geschieht. Als ich – nach dem Einbruch – die Kripo anrief, dachte ich: So wirklich und so unerwartet ist das auch mit Gott.

Was der Täufer uns sagt

Da steht er wieder vor uns – wie jedes Jahr im Advent – Johannes der Täufer. Wir wollen versuchen, diesen Menschen erneut wahrzunehmen und hören, was er sagt.
Wir haben uns einen jungen Mann vorzustellen: Ende zwanzig, als er auftritt und anfängt zu taufen – Anfang dreißig, als er umgebracht wird. Er ist nicht einzuordnen, in keine der damaligen Gruppen und Bewegungen.
Die rauhe Strenge seines Auftretens erinnerte die Menschen damals an die Propheten, von denen sie hatten erzählen hören. Aber das war auch damals schon lange her. Ganz vage hatten diese Weissagungen begonnen: es werde kommen das Heil, Gott selber werde kommen, als ein Menschenkind werde er geboren werden, in Betlehem werde das geschehen. Aber dann war jahrhundertelang kein Prophet mehr gekommen. Und nun dieser Mann. Nicht nur äußerlich geht er aus allem Gewohnten heraus. Und er steckt sie an! Nicht nur äußerlich kommen sie heraus aus ihren Städten und Dörfern. Auf einmal sind ganz andere Themen für sie wichtig: Heil statt Erwerb, Schule statt Unzufriedenheit, Gott statt Regeln. Voller Erwartung sind sie alle. Und er kann dieser Erwartung einen Namen geben.
Aber vorher muß er die Menschen frei machen und muß sie lösen von all den Binden, die um ihr Herz gelegt sind: durch ihre Denkklischees, durch ihre gesellschaftlichen Zwänge und Gewohnheiten, durch ihre religiösen Vereinbarungen und ihre falschen Sicherheiten. Bildet euch auf nichts was ein, ändert euer Denken, alles andere ist schlechtes Theater. Aber so groß ist das Verlangen dieser Menschen, rein zu sein, daß sie sich tatsächlich loslassen und bekennen. Dann tauft er sie zur Vergebung ihrer Sünden. Was sollen wir tun, fragen sie ihn. Er verlangt nichts Überraschendes, nichts Anstrengendes. Im Gegenteil, er verlangt ganz Alltägliches: Teilen, wenn du zwei Mäntel hast, und einer hat keinen, gib ihm einen mit. Den Zöllnern sagt er: Seid reell, den Soldaten: Laßt das Rauben und Brandschatzen, begnügt euch mit

eurem Sold. Erstaunliche Antworten. Man denkt: Ist das alles? Das sollen sie doch schon ohnehin tun. Ja – dann tut es doch endlich!

Auf was kommt es denn an, fragen die Leute. Und er zeigt auf einen Mann: auf den kommt es an, auf sonst nichts: er muß wachsen. – Aber nicht am Jordanufer, wo er eine so starke Wirkung hat, nehmen wir den Täufer in seiner ganzen Größe wahr, sondern in der Finsternis des Kerkers. Was ihm da zugemutet wird! Die kleinliche Rache einer beleidigten Frau; die Feigheit eines Königs, der nichts riskiert; sein Kopf als Belohnung für eine Tanzdarbietung. Größe und Banalität, höchster Lebenssinn und peinlicher Unsinn. Kennt er sich selber noch aus? Nachdem er allen den Messias gezeigt hat, wird er zurückgenommen unter die Suchenden und Fragenden und Zweifelnden. „Jesus, bist du es?" Diese Frage ergreift mich mehr als alles sonst. Ich glaube nicht, daß er mit dieser Frage seine Jünger auf Jesus aufmerksam machen wollte. Ich glaube, er fragte – aus seiner Dunkelheit – für sich selber. Und Jesus beruhigte ihn mit der Prophetie des Jesaja. Das Leben dieses Mannes ist – damals wie heute – eine einzige Herausforderung. Was für ein Gegensatz zur Theorie der Selbstverwirklichung durch Befriedigung der eigenen Bedürfnisse (wenn es sein muß, auf Kosten anderer)! Was für ein Gegensatz zur Theorie vom Glück, das in der Abwesenheit von Leid und Konflikt besteht! Was für ein Gegensatz zur Theorie vom Sinn des Lebens, der *vor* dem Tod aufgehen muß!

Wir haben viel zu tun mit diesem unruhigen und beunruhigenden Mann. Was hat er uns zu sagen?

Ich denke, er würde uns dasselbe sagen, wie den vielen Leuten damals, die er alle nicht mit Namen kannte, und von deren Leben er doch so viel wußte.

Was, also, sollen wir tun? Vielleicht würde er so antworten: was ihr tun sollt? Überhaupt nichts sollt ihr *tun!* Immer wollt ihr etwas *tun!* Immer wollt ihr Tarife erfüllen; immer wollt ihr etwas leisten; immer wollt ihr auf etwas zeigen: das da ist von mir. Er ist viel anspruchsvoller: nicht die Tarife

sollt ihr ändern, sondern euer Herz. Immer fragt ihr nach Tarifen, sei es, um euch darunter zu ducken, oder um darüber zu schimpfen, und oft beides zusammen. Immer wollt ihr wissen, wie weit ihr ungestraft gehen dürft. Und viele haben es euch auch nicht anders gelehrt. Aber – ich bin nicht der, der alte Tarife ersetzt durch neue, alte Zwänge durch neue Zwänge.
Tiefer muß die Änderung sich abspielen: in eurem Denken.
Wie geht das, Johannes?
Wenn ihr das wirklich wissen wollt, dann seht auf den, der das andere Denken, das neue Herz verkörpert wie niemand sonst: er muß wachsen – in euch genauso wie in mir. Noch einmal, Johannes, wie geht das? Wie er in euch wachsen kann? Indem seine Art zu denken, zu reagieren, zu urteilen, zu verzeihen, immer mehr eure Art wird zu denken, zu reagieren, zu urteilen, zu verzeihen. Indem ihr euch in den großen Entscheidungen und in dem, was ihr das Alltägliche nennt, fragt: Wie würde Jesus jetzt reagieren? Fragt euer Herz.
Ist das denn wirklich alles?
Das ist ja gar nicht anstrengend! Nein – anstrengend ist das nicht. Aber sehr anspruchsvoll.
Damit braucht man nur einmal anzufangen, dann merkt man sehr bald, auf was man sich da einläßt.
Das geht sehr tief. Und es macht sehr frei.

Mitten unter uns

In acht Tagen ist Weihnachten! Wenn man so einen Satz ausspricht, berührt man ganz unterschiedliche Gefühle und Empfindungen. Viele freuen sich, finden das schön, daß bald wieder Weihnachten ist. Kinder freuen sich, fangen an zu zählen, wie oft sie noch schlafen müssen. Aber nicht alle freuen sich. Um Gottes Willen, denken manche: Was da noch alles passieren muß in dieser einen Woche.
Jedes Jahr nehmen wir uns das vor: Diesmal wird es anders. Diesmal wird das ein Advent ohne Hetze. Besser planen, zeitig anfangen, alles mit Ruhe und Muße, damit man auch was davon hat, damit auch das Einkaufen Spaß macht. Aber jedes Jahr ist es wieder das gleiche: Im November hat man noch keine Lust dazu – und auf einmal ist halber Dezember – und mit der Ruhe ist es aus. Bei anderen sitzt das Unbehagen tiefer, zwei Wochen vor Weihnachten. Viele können sich nicht freuen, weil ihre Sorgen, weil ein Leid, eine schwere Krankheit, ein Tod, eine bittere Enttäuschung nicht zur Weihnachtsfreude passen. Wenn die Tage nur schon vorüber wären, denken manche, wenigstens der Heilige Abend. Andere sind durch die bedrohte Weltlage so verunsichert und so verängstigt, daß sie es für ganz unrealistisch halten, für ein paar Tage Angst und Unsicherheit zu vergessen, weil man sich *so* etwas vormacht. Was wird in der Woche noch passieren, was nicht zu Weihnachten paßt? Aber was ist das für ein Weihnachten, zu dem das Leid nicht paßt, die Tränen und die Sorgen?
Was für ein Weihnachten wollen wir in acht Tagen? Wollen wir für ein paar Stunden aussteigen aus dem Leben, das uns so plagt? Wollen wir für ein paar Stunden eintauchen in ein freundliches Leben der Harmonie? Das war uns doch zu eigen in unseren Kindertagen! Und nun können wir es immer schwieriger wiederfinden. Wir mühen uns umsonst, wenn wir Weihnachten suchen außerhalb der Realitäten dieser Welt und unseres eigenen Lebens.
„Schließ' Aug' und Ohr für eine Weil' vor dem Getös' der

Zeit", das ist keine Empfehlung acht Tage vor Weihnachten. Das wäre Selbstbetrug, auch wenn er mit noch soviel Geschmack gestaltet wäre. Aber wohin denn mit unserem menschlichen Verlangen nach Freude, mit unserer Sehnsucht nach Geborgenheit, mit unserem Hunger nach Verständnis?
Wie können wir in acht Tagen Weihnachten feiern mit all dem, was wir wissen, mit all dem, was wir erleben, mit all dem, was passiert? Wir könnten versuchen, uns Weihnachten zu nähern auf dem einzigen Weg, auf dem das ehrlich möglich ist, nämlich auf dem Weg Gottes. „Mitten unter euch ...", das heißt, daß Gott sich eben nicht die Ohren zuhält vor dem Weinen und Schreien dieser Welt.
Daß Gott sich eben nicht die Augen zuhält vor einer Welt, die durch Menschenschuld immer unansehnlicher wird.
Sondern, daß Gott kommt. Daß er in *diese* Welt kommt.
Und daß er da ist und dableibt: mitten unter euch.
Nicht der unerreichbare Jenseitsgott, der sich draushält aus Angst und Tränen, sondern der Gott, der unser Leben teilt, der unsere Tränen weint und unsere Ängste leidet. Nein – Gott schließt nicht Aug' und Ohr vor dem Getös' der Zeit. Er kommt und ist bei uns.
Warum – Gott? Warum tust Du das?
Warum – das fragen wir Dich so oft, wenn wir nichts mehr begreifen, wenn unser Verstand und unsere Erfahrung, wenn unser Herz am Ende ist.
Warum bist Du mitten unter uns? Das ist auch mehr als wir begreifen. Ja, Herr, warum? Du wußtest doch, was hier geschieht. Was hier mit Dir geschieht. Was mit den Menschen hier geschieht. Als Du ein Mensch unter Menschen warst, da war es eine Freude für Dich, unter den Menschenkindern zu sein. Eine Freude! Wo nimmst Du die Kraft zu dieser Freude her? Zu dieser Freude an uns, so wie wir sind? Uns kommt die Freude aneinander so schnell abhanden. Aber Deine Freude am Menschen ist so voller Wohlwollen, so voller Freigebigkeit. Das ist eine Freude, die nicht zählt, was sie verteilt; die nicht kleiner wird, soviel sie verschenkt. Das

ist eine Freude, die nicht erst eintritt, wenn bestimmte Vorleistungen erbracht, wenn bestimmte Bedingungen erfüllt sind; die nicht wissen will, ob der Empfänger das auch wert ist, die nicht fragt, ob sie vielleicht ausgenutzt, ob sie vielleicht mißverstanden wird. Die Kraft, von der deine Freude lebt, ist die Liebe.

Gottes Weihnachten, das ist die Liebe, die alles gibt. Von dieser Liebe bringt ihn nichts ab. Und diese Liebe bringt ihm alles ein. Diese Liebe wartet auf Antwort. Sie wartet mit unendlicher Geduld auf Antwort.

Worin soll diese Antwort bestehen, wenn nicht darin, daß wir uns von dieser Liebe anstecken lassen, und daß wir keine Angst haben, was uns dann passiert. Auch wir: mitten unter allen. Daß wir uns anstecken lassen zu geben, ohne zu zählen. Daß wir aufhören, Bedingungen zu stellen. Daß wir mit dem Lieben anfangen, und nicht erst die Vorleistungen belohnen, die der andere erbringen muß. Gott, bewahre mich davor, in diesen Tagen Aug' und Ohr zu schließen vor dem Getös' der Zeit. Hilf mir, daß ich mich jetzt nicht verliere in all' die Äußerlichkeiten von Weihnachten.

Schenke mir die Freude am Menschen. Und wenn ich sie verliere, schenke sie mir wieder. Bis ich Dir das nachspreche, daß es auch für mich eine Freude ist, bei den Menschen zu sein.

Zeige mir die Menschen, zu denen Du gerade durch mich kommen willst. Zeige mir die Menschen, die an Deine Menschenfreundlichkeit dann glauben, wenn sie bei mir etwas davon sehen.

In wenigen Tagen ist Weihnachten. Wir haben noch ein bißchen Zeit. Es ist noch nicht zu spät.

Ihr werdet ein Kind finden

Die Weihnachtsbotschaft berührt mich jedes Jahr auf ganz eigene Weise. Und das geht wohl nicht nur mir so.
Auch diesmal freue ich mich wieder auf Weihnachten und auf seine Botschaft. Aber darf ich das bei all dem, was geschieht: an Krieg und Angst, an Terror und Gewalt, an Unglück und Katastrophen? So bedroht sind wir alle und so ohnmächtig! Die Nachrichten sind so oft voll Blut. Dazu kommt das persönliche Leid, von dem ich weiß – die Sorgen, die ich kenne und die ich habe. Das alles gibt es ja nicht nur bei mir. Und das alles bringen wir mit in dieses kommende Fest.
Wenn wir bei Jesaja lesen von dem Volk, das im Dunkel lebt, von denen, die im Land der Finsternis wohnen, dann fällt es uns nicht schwer, uns darin wiederzufinden.
Aber wir wollen ja Weihnachten nicht lamentieren über die Finsternis, so wahr es sie gibt, sondern wir wollen sagen, daß wir in unseren Dunkelheiten Sehnsucht haben nach dem Licht, daß wir in der Kälte Sehnsucht haben nach der Wärme, daß wir in unseren Einsamkeiten Sehnsucht haben nach Zuwendung. Und daß wir das auch erfahren möchten: Licht, Wärme, Zuwendung. Nicht irgendwann und irgendwo, sondern in unserem Leben. Wenn es geht: in diesem Weihnachtsfest.
Die Botschaft von Weihnachten ist einfach. Sie lautet: Es ist ein Menschenkind geboren. Dieses Menschenkind ist der Menschensohn.
Er will uns helfen, ein Mensch zu sein.
Ein Menschenkind ist geboren.
Es gibt auf der ganzen Welt nichts Zuversichtlicheres als die Geburt eines Kindes.
Ein junger Mann, dessen Frau das erste Kind geboren hat, schrieb mir: „Während meine Frau nach der Entbindung noch behandelt wurde, durfte ich unter Anleitung der Hebamme zum erstenmal unser Kind baden. Dieses Glück werde ich nie vergessen.“ So ein Kind bringt durch seine bloße

Existenz Lebensfreude und Lebensmut in diese Welt. Wohl werden viele Kinder in dieser Welt um ihre Lebensfreude betrogen. Daß hilflose Kinder leiden, gehört zum Schrecklichsten in dieser Welt – aber wenn wir ihnen den Lebensmut nicht nehmen – wieviel Licht geht von so einem Kindchen aus, wieviel Wärme, wieviel Zuwendung liegt im Lächeln eines kleinen Kindes.

Ein Menschenkind wird geboren. So menschlich beginnt unsere Religion. In dieser Geburt ist Platz für jedes Leben, für jede Freude und für jede Traurigkeit, für jede Enttäuschung und für jede Angst. Auf diese Geburt können wir uns einlassen, hier können wir zu Hause sein, wer wir auch sind, wieviel oder wiewenig wir auch bisher von unserer Religion verwirklicht haben.

Dieses Menschenkind, sagt die Botschaft, ist der Menschensohn. Dieses Kind wird später mit einem ungeheuren Anspruch vor die Menschen treten, es wird sterben für diesen Anspruch: „Er hat gesagt: Ich bin Gottes Sohn."

Wir sind gewohnt zu denken, Gott sei Mensch geworden, um uns von der Sünde zu erlösen. So ist es. Das hat er getan. Aber ob er nicht noch viel mehr getan hat? In der Kölner Minoritenkirche ist ein Mann begraben – Johannes Duns Scotus – der hat vor siebenhundert Jahren gelehrt: Gott sei nicht nur wegen unserer Defekte Mensch geworden, er sei gekommen, um seine Schöpfung zu vollenden. Das wäre ja die Vollendung der Schöpfung, wenn der Schöpfer selbst in seine Schöpfung käme. Wenn Gott sich mit dem Menschen verbände. Wenn Gott seine geliebte und nie aufgegebene Schöpfung durch den Menschen bis zu sich heranließe. Wenn Gott ein Mensch würde. Das, sagt die Weihnachtsbotschaft, ist in Jesus Christus Wirklichkeit geworden: „Christus ist das Bild des unsichtbaren Gottes. Alles ist durch ihn und auf ihn hin geschaffen", so hat Paulus es gesagt.

Von diesem Menschenkind sagen wir, daß Gott – Mensch geworden ist. Jesus war nicht außen Mensch und innen Gott. Er war auch innen: Mensch mit seinem Verstand, sei-

nem Willen, seinem Gemüt. Als Mensch hat er gelernt und Erfahrungen gemacht. Er hat Angst gehabt und hat um den Willen Gottes gerungen.
Aber er war vom ersten Augenblick seiner menschlichen Existenz an so total von Gott angenommen, so völlig eins mit Gott, daß wir auf ihn zeigen können und sagen: Gott ist da.
Wenn das so ist, dann ist der Mensch Jesus Christus, in dem Gott gekommen ist, der exemplarische Mensch – der Mensch, so wie er nur sein kann, der Mensch in seiner höchsten Möglichkeit.
Dann ist die Beschäftigung mit Jesus unerläßlich für jeden, dem am Menschen etwas liegt.
Dann hilft uns dieses Kind, ein Mensch zu sein.
Auf die Frage, warum sie ein Christ ist, antwortete Dorothee Sölle einmal: „Christ bin ich wegen Christus. Ich traue seiner Wahrheit mehr als allen anderen – und sicher mehr als der eigenen. Ich kann mich selbst nicht beschreiben, ohne von ihm zu reden. Was tut er mir? Ich lerne von ihm. Von ihm lerne ich am meisten. Er spricht von meinem Leben so, wie ich will, daß von ihm gesprochen wird: ohne jede Verachtung. Ich lerne von ihm, allen Zynismus zu überwinden. Und das fällt vielen heute besonders schwer. Es gibt überzeugende Gründe, Menschen zu verachten. Es gibt großartige Gründe, sich selber zu verachten. Es gibt die Versuchung, das Leben nur teilweise, nur unter Umständen zu bejahen. Christus beschämt mich. Er lehrt mich ein unendliches, nichts und niemand auslassendes Ja."
Indem Gott die menschliche Natur annahm, nahm er auch uns alle an. Es ging nicht anders. Und wenn wir einander annehmen und uns selber, dann nehmen wir auch den Menschensohn an. Es geht nicht anders. Vielleicht ist es diese geheime Ahnung, weshalb es vielen Menschen gerade am Heiligen Abend gelingt, andere besser anzunehmen. Dann sind wir der Menschwerdung Gottes ganz nahe.

Was Jesus mit der Familie zu tun hat

Familie – was macht das eigentlich aus? Familie – das sind Menschen. Familie – das gibt es nur in der Mehrzahl. Man hat den gleichen Namen und die gleiche Adresse, und man weiß, wo man hingehört.
Der Tisch gehört dazu – um den man jahrelang zusammensitzt. Und wenn einer nach längerer Abwesenheit wiederkommt, steht gleich ein Teller da. Man gehört immer noch dazu. Lieblingsspeisen und Alltagsgerichte gehören dazu. Es gibt kein Fest, das sich nicht auch an diesem Tisch abgespielt hat. Die Betten stehen noch lange da, als wüßten sie, daß die großen Kinder manchmal wiederkommen, auch manchmal, wenn sie nicht mehr weiterwissen oder müde sind. Das Lachen gehört dazu und die Tränen. Der Streit, die Enttäuschung, die gegenseitigen Verletzungen. Aber auch die Versöhnungen, das wieder-miteinander-Anfangen. Das Gespräch gehört dazu: als Austausch und als Auseinandersetzung, als Frage und Antwort. Nirgends lernen wir soviel von dem, was wir zum Leben brauchen, wie in der Familie. Aber auch das Schweigen gehört dazu: das Schweigen, das jetzt nicht reden will und auch nicht reden kann – und das Schweigen des Verständnisses, der Vertrautheit, die keine Worte braucht. Feste gehören dazu und sehr viele Alltag. Krankheiten und Ängste. Einsamkeiten trotz der Nähe der anderen. Daß ein Mensch geboren wird und daß ein Mensch stirbt. Familie – das sind viele Dinge. – Lange Zeit wurde die Familie gehalten von einem Netz, das die Gesellschaft darbot.
Dieses tragende Netz der Gesellschaft hatte nicht nur Vorteile. Aber es *hatte* Vorteile. Es gab Wertvorstellungen, in denen – nicht alle – aber die vielen übereinstimmten. Dieses Netz ist heute voller Löcher, kleiner und großer. Es gibt keine allgemein anerkannten Wertvorstellungen mehr.
Selten ist die Familie so auf sich gestellt gewesen wie heute. Für das, was richtig oder falsch ist, stehen die Argumente nicht mehr – gleichsam von draußen – bereit. Eltern, die

mit ganz bestimmten Vorstellungen groß geworden sind, werden von ihren heranwachsenden Kindern herausgefordert, nicht, weil die streitsüchtig sind, sondern weil alte Antworten nicht ohne weiteres auf neue Fragen passen.
Wie schwer ist das, Erfahrungen weiterzugeben an Menschen, die selber welche machen wollen!
Eigentlich sind solche Herausforderungen etwas Großartiges – und wir sollten uns gegenseitig dazu Mut machen. Aber sie sind auch anstrengend und kosten Kraft. Und das ist ja nicht das einzige, was Kraft kostet. Und darum sind viele überfordert. Und manche Mutter schaut sich im Familienbuch die Kinderbilder an und lächelt wehmütig: So idyllisch war es mal. Das hilft uns aber nicht weiter. Leben ist immer nur jetzt. Aber die Beispiele zeigen: Familie lebt heute unter erschwerten Bedingungen – jede. Was hat nun Jesus damit zu tun?
Auf den ersten Blick könnte einer meinen: gar nichts. Und wenn ich an die gutgemeinten, aber schrecklichen Andachtsbilder der heiligen Familie aus meiner Kinderzeit denke, dann haben *die* tatsächlich nichts zu tun mit der Wirklichkeit der Familie. Die hatten aber auch nichts zu tun mit der Wirklichkeit der heiligen Familie in Nazaret.
Was hat Jesus mit der Familie zu tun?
Lassen wir uns ganz einfach einmal von dem Gedanken beeindrucken, daß Jesus fast sein ganzes Leben in einer Familie gelebt hat. Damit will Jesus doch sicher etwas sagen. Jesus nimmt ganz bewußt teil an der Wirklichkeit von Familie, nimmt teil an den Freuden, die ein Familienleben vermitteln kann, nimmt teil an den Schwierigkeiten, die das Zusammenleben auf engem Raum mit sich bringt, nimmt teil, wie Konflikte entstehen und wie man sie bewältigt. Er hat es erfahren, wie schön und wie schwierig das ist, wieviel das einem geben kann – und wieviel das einen kostet.
Ich sehe darin etwas, womit die Familie in unserer Zeit und Gesellschaft nicht gerade überschüttet wird, nämlich: Verständnis. Indem er sich so lange und so intensiv auf Familie einläßt, indem er Familie so von innen heraus erfährt,

bringt er allen, die in einer Familie leben, eben dies zum Ausdruck: Ich verstehe euch. Jesus bezeigt allen, die in Familien leben, seinen tiefen Respekt.
Nun sind vielleicht manche Leser verwundert – und denken: mein Gott, was tun wir denn schon Großes? Lauter kleine Dinge doch. Es dauert lange, bis wir dahinterkommen, daß wir das Große vergebens suchen, wenn wir es nicht im Kleinen finden. Viele tun ja im Kleinen etwas Großes. Sie realisieren die kleinste Einheit der Gesellschaft, des menschlichen Zusammenlebens. Nehmen auf sich alle Schwierigkeiten, die das mit sich bringt. Soll doch keiner behaupten, das sei leicht, das ginge von selbst. Das ist nicht leicht. Wer zählt die Rücksicht, die nötig ist; die Enttäuschungen, die sich unmerklich einschleichen; die Geduld, ohne die nichts geht; den Mut, das Risiko des Mißverständnisses einzugehen; die Angst, einen Menschen zu verlieren; die Ohnmacht, einen nicht mehr zu erreichen; die Unsicherheit, nicht verstanden zu sein; das Glück, angenommen zu werden; die Geborgenheit, zu wissen, wo man hingehört.
Nein – von selber geht das alles nicht. Das kostet Kraft, viel Kraft. Jesus möchte uns ermutigen. Er hat den größten Teil seines Lebens in einer Familie gelebt. Damit hat er die Wirklichkeit jeder Familie angenommen. Jeder!

Dem Zeichen folgen – und nicht aufgeben

Hartnäckig nennen wir sie „Dreikönige“ – obwohl bei Matthäus von dreien keine Rede ist, auch nicht von Königen, schon gar nicht von bestimmten Namen. Das alles kommt erst viel später auf. Ihre Spur kommt aus dem Dunkel. Und darin verliert sie sich auch wieder. Sie seien selber eine Geschichte, heißt es, in der sich der Glaube der ersten Generation spiegelt.

Von mir aus! Das nimmt ihrer Wahrheit nichts weg. Oder wird etwa die erschütternde Geschichte vom Gold der Nibelungen, das im Rhein versenkt wurde, in dem Augenblick wahrer, wenn ein Schlauberger dahinterkommt: Das war bei Aßmannshausen? Für mich nicht. Außerdem haben die „Dreikönige“ soviele Brüder und Schwestern, die ihr Leben lang das tun, was wir uns von jenen erzählen, daß wir vor lauter Wirklichkeit an kein Ende kommen.

So wenig ich von den „Dreikönigen“ weiß, ich weiß genug von ihnen, daß sie an mein Herz rühren, weil ich spüre, daß sie ein Gleichnis sind. Es ist kein Zufall, daß gerade sie die Phantasie der Maler und der Dichter beschäftigt haben wie kaum einer.

Es lohnt sich, über sie nachzudenken: Sie haben soviel mit uns selber zu tun.

Diese Gestalten gehören für mich zu den exemplarischen Menschen, die wie ein Zeichen sind. Einzelne, die mehr verwirklichen als ein Einzelschicksal. Nämlich eine der Urmöglichkeiten, die dem Menschen gegeben sind: sich auf einen Weg zu machen, dessen Verlauf man nicht kennt – einem Ziel entgegen, das einem zwar verheißen, dessen man aber nicht sicher ist. Und das alles auf ein Zeichen hin, das sie gesehen haben – und das sie richtig zu deuten meinen. Sie folgen einem Zeichen – und werden selber zu einem Zeichen. Worin besteht das Zeichen, das sie selber sind? Was haben wir mit ihnen zu tun?

Versetzen wir uns in ihre Geschichte.

Was für Menschen! Alle haben den Stern gesehen. Er stand

ja sichtbar am Himmel wie der Mond an so vielen Abenden. Aber wer schaut schon nach oben? Beladen mit Sorgen, die bedrücken; fixiert auf Zwecke, die erreicht; auf Leistungen, die vollbracht; eingefangen in Problemen, die gelöst werden müssen, beugt sich unser Blick so leicht nach unten – aber unten sind Staub und Steine. Alle sahen den Stern – und viele sahen ihn trotzdem nicht.

Dann die, die den Stern wirklich sahen. Die haben sicher darüber geredet, haben diskutiert, was das wohl bedeutet. Sie ließen sich auch für einen flüchtigen Augenblick anrühren von diesem Ungewöhnlichen. Aber dann gingen sie wieder zur Tagesordnung über, vergaßen das Ungewöhnliche, überließen sich wieder dem Gewöhnlichen, dem Vertrauten, dem Kleinen, dem Begrenzten. Sie kehrten zurück zu Tageszeitung und Bratkartoffeln. Geht es uns nicht auch so? Was haben wir schon alles gesehen! Ließen es aber nicht an uns heran als ein Zeichen, das uns meinte. Ich weiß: Wenn wir alles, was wir sehen, an uns heranlassen, können wir nicht mehr leben. Aber ich werde auch die Sorge nicht los, durch diese Schutzfilme um die Seele könnte ich Entscheidendes verpassen!

Entschuldigungen gibt es in Hülle und Fülle.

Nur jene drei kehrten nicht in das Gewöhnliche zurück, in die vertraute Enge der kleinen Begrenzung. Sie machten sich auf – in die Weite. Sie folgten dem Zeichen, und sie gaben nicht auf: unterwegs nicht, als ihnen der Stern abhanden kam, auf der Landkarte ist so ein Weg einige Wochen lang, aber in den Herzen ist er endlos weit.

Sie gaben nicht auf in der Stadt, die sie schließlich fanden – wo die Menschen doch Bescheid wissen mußten – wo man ihnen entgegenbrachte: Verständnislosigkeit, Unaufrichtigkeit und Abneigung. Sie gaben nicht auf, als der gesuchte König ein ärmliches Kind war, dessen Eltern nicht einmal ein ordentliches Zimmer bewohnten. Nicht gehütet in Gemächern des Palastes, umgeben von den Großen jenes Reiches, bestaunt von verehrenden Menschen – nichts von dem finden sie vor – und das verwirrt sie gar nicht. Sie

freuen sich, da sie das Kind finden, und das können sie nur, weil sie ganz frei sind und nicht selbst die Bedingungen festsetzen, unter denen sie Gott finden, nachdem sie sich in so große Unkosten gestürzt haben, ihn zu suchen.
Was für Menschen! Dem Zeichen folgen, sich auf den Weg machen und nicht aufgeben.
Exemplarische Menschen. Es ist nicht schwer, sich selber in ihnen wiederzufinden mit der eigenen geheimen Sehnsucht, aufzubrechen, nicht aufzugeben, am Ende zu finden, was man sucht. In der „Stadt in der Wüste“ beschreibt Antoine de Saint Exupéry diese Sehnsucht so: „Mensch – du hast nichts zu erhoffen, wenn du blind bist gegenüber jenem Licht, das nicht von den Dingen, sondern vom Sinn der Dinge kommt. Ich finde dich vor deiner Tür und frage dich: Was treibst du? Und du weißt es nicht und klagst über das Leben. Kind ohne Spiel, das du nicht mehr zwischen den Zeilen zu lesen verstehst. Ich setze mich zu dir. Die Angst hält dich gefangen, daß du nicht mehr werden könntest.
Du wirst den Frieden nicht finden, wenn du nichts verwandelst. Wenn du nicht Weg wirst und Gefährt. Du willst der Welt etwas entreißen, damit es für dich sei. Aber so wirst du nichts finden. Denn ich habe bemerkt, daß einer nicht mehr derselbe ist, der sich auf den Weg gemacht hat.
Denn du bist nichts als Weg – und du kannst nur von dem leben, was du verwandelst.“

Der geliebte Sohn

Das Evangelium von der Taufe Jesu ist für mich eines der liebsten Evangelien. Das ist es nicht immer gewesen. Lange habe ich mich daran vorbeigedrückt. Das Bild war für mich nicht ganz einfach: der Geist, der wie eine Taube auf Jesus herabkam. Über der Verständnisschwierigkeit, ob ich mir das jetzt vorstellen mußte – und wie, übersah ich den ganzen herrlichen Inhalt.
Machen wir uns einmal klar: Das ist der erste Satz aus dem öffentlichen Leben Jesu. Also: gleichsam die Überschrift. Und diese Überschrift über das Leben Jesu ist die großartigste Bestätigung, die je über einen gesagt worden ist. Es ist die feierliche Verkündigung einer unbedingten Annahme: Du bist mein geliebter Sohn. Man kann die Bedeutung dieses Satzes für Jesus gar nicht hoch genug ansetzen.
Gott ist Mensch geworden – wirklich ein Mensch mit Verstand und Gemüt, als Mensch hat er gelernt und Erfahrungen gemacht, Enttäuschungen und Schmerzen erlitten, hat den Willen Gottes gesucht und hat darum gerungen.
Was das für ihn bedeutet hat: dieses Bewußtsein, ich bin der geliebte Sohn! Ich bin angenommen! Dieses Bewußtsein geht tiefer als alles sonst. Das geht so tief, daß die schreckliche Gottverlassenheit am Kreuz ihn nicht in Verzweiflung stürzt, sondern daß er die Kraft findet, auch seine Verlassenheit in die Hände des Vaters zu legen.
Du bist mein geliebter Sohn! Das macht das Lebensgefühl und das Selbstbewußtsein Jesu aus.
Ich stelle mir Jesus vor als einen zutiefst glücklichen Menschen, der in der Erfahrung lebt: Ich bin angenommen. Je älter ich werde, desto mehr finde ich, daß von den Grundbedürfnissen, die wir Menschen haben, eines der wichtigsten ist, daß wir angenommen sind. Nichts macht einen so froh und so frei wie das Bewußtsein: ich bin angenommen.
Das hat doch jeder schon so empfunden: wenn ich spüre, ich bin angenommen, dann geht es mir gut, dann spüre ich meine Kräfte, dann wird mir so schnell nichts zuviel, dann

kann ich geben, was in mir ist, dann kann ich lieben. Wenn ich angenommen bin – ist alles gut.
Aber wehe mir, wenn ich spüre, ich bin nicht angenommen. Dann kann ich Titel haben, so viel ich will, dann kann mein Einkommen hoch sein, das hilft mir dann gar nichts. Wenn ich nicht angenommen bin, dann werde ich verkrampft, ziehe mich in mich selbst zurück, und die anderen können nur noch offiziell etwas mit mir anfangen – und das ist selten viel.
Nun könnte einer sagen: das war eben das ganz Besondere bei Jesus, das Unvergleichliche, daß er so angenommen war vom Vater. Das können wir auf uns nicht übertragen. Doch – das können wir wohl übertragen. Das ist ja gerade die frohe Botschaft dieses Evangeliums: Die Annahme durch den Vater ist das Geschenk, das Jesus allen Menschen bringt.
Das kann ich als Priester immer wieder erfahren. Zum Beispiel, wenn ich ein Kind taufe. Du bist mein geliebtes Kind, sagt Gott über dieses Kindchen. Über jeden, der das hier liest, sagt Gott: Du bist mein geliebtes Kind! Das muß man einmal aushalten. Der Kern unseres Glaubens besteht nicht in Leistungen, Geboten und Verboten, sondern darin, daß wir uns die Liebe Gottes gefallen lassen, daß wir die Liebe, die von Gott zu uns kommt, weitergeben. Lieben als Antwort darauf, daß wir geliebt werden.
Wir haben an die Liebe geglaubt, so heißt die Summe, die der neunzigjährige Evangelist Johannes aus seinem langen, religiösen Leben zieht.
Für die Kraft dieser Liebe habe ich kürzlich mit jungen Leuten etwas erlebt, das hat mich tief gerührt und tief beschämt. Die jungen Leute freuten sich auf ihr erstes Kind. Aber das Kind kam behindert auf die Welt. „Wir waren zuerst sehr traurig“, schrieben die jungen Leute. „Aber wir lieben unser Kind sehr, und wir geben es nicht wieder her. Es ist eine Liebe, die von Tag zu Tag wächst. Es liegt an uns, unserem Kind jede uns mögliche Hilfe zu geben. Seine Zukunft soll voll Zuversicht sein.“ Was für eine Kraft! So eine

Liebe, die von Tag zu Tag wächst! Sie haben ihr Kind angenommen. Und jeden Tage geben sie ihm das zu spüren.
So angenommen sind wir alle – so unbedingt.
Zu jedem von uns sagt Gott: Du bist mein geliebtes Kind, an dem ich meine Freude habe. Auch wenn du schon ein altes Kind bist – und schon weiße Haare hast.
Auch wenn du dich nicht viel um mich gekümmert hast, auch wenn du große Fehler gemacht hast – und noch machen wirst, auch wenn du meinst, du seist gar nicht liebenswert, auch wenn du dich selber immer noch nicht lieben kannst – du bist mein geliebtes Kind, ich gebe dich nicht wieder her.
Diese jungen Eltern wissen: Ihr Kind wird es schwerer haben als andere Kinder.
Der Vater im Himmel weiß bei der Taufe Jesu: sie werden ihn kreuzigen. Uns werden die Steine nicht aus dem Weg geräumt – und viele Fragen bleiben ohne Antwort.
Aber ganz tief, tiefer als unsere Ängste, tiefer als alle unsere Ungereimtheiten und Traurigkeiten – ist alles gut.
Wie viele Menschen möchten das von ganzem Herzen glauben – aber sie können es nicht: die Erfahrungen haben sie verschlossen, die Enttäuschungen haben sie bitter gemacht.
Welche Wohltat, wenn sie dieses Alphabet an uns buchstabieren könnten, das Alphabet des Geliebtwerdens und des Liebens.

Von unserer Berufung

Wenn in alttestamentlichen Texten oder im Evangelium von Berufungen die Rede ist – dann kann einer denken: das geht mich nichts an. Das ist etwas für Geistliche und die, die es werden wollen. Ich habe damit nichts zu tun. Das denkt man so. Das hatte ich auch die ersten zwanzig Jahre meines Lebens gedacht. Bis ich eines Nachmittags als Unterprimaner einem Bekannten ein geliehenes Buch zurückbrachte. Da sagte der, ohne jeden ersichtlichen Zusammenhang zu mir: „Warum wirst du eigentlich nicht Priester?" Es war um die zehnte Stunde, schreibt Johannes viele Jahrzehnte später. Es gibt Stunden, von denen weiß man noch lange. Aber so alltäglich, wie nebenbei, spielt sich das immer ab – und anders nie.

Und es ist ein großer Irrtum zu glauben, Berufungen seien beschränkt auf einige – wenige. Viele sind berufen. Dieses berühmte Wort ist *so* ungenau übersetzt: Die vielen sind berufen – das sind nämlich alle. Alle sind gerufen – aber nur wenige geben Antwort.

Das betrifft uns alle viel konkreter, als uns lieb ist. Wir werden dieses Wort nicht los, wenn wir es abschieben auf die, die einen Lebensberuf daraus machen. Ich möchte zwei Ebenen nennen, auf denen sich das für uns alle abspielt.

Das ich ein Gerufener bin und kein Zufälliger, das spüre ich zunächst auf der Ebene, über die wir viel zu wenig nachdenken: auf der Ebene meiner Existenz.

Es ist nicht selbstverständlich, daß es mich gibt. Gott hat mich ins Dasein gerufen, und ich wurde nicht gehindert, dem Ruf zu folgen. Anderthalb Jahre vor mir starb das erste Kind meiner Eltern in der Geburt.

Ich begreife die Dunkelheiten dieses frühen Sterbens und viele andere Dunkelheiten nicht. Aber ich begreife, daß mein Leben keine Selbstverständlichkeit ist.

Liebe Leser, stellen Sie sich doch einmal für einen Augenblick vor, es gäbe Sie nicht. Dann läsen jetzt auch viele dieses Buch. Nur Sie nicht. Keiner würde von Ihnen wissen.

Keiner würde Sie vermissen. Es kann einem schwindelig werden bei diesem Gedanken. Keiner ist selbstverständlich, keiner ist zufällig. Kein anderer Ruf hat solche Folgen wie der, der uns ins Leben holt. Nichts Größeres hat Gott jedem zugedacht als das Leben.
Das Leben ist der Güter höchstes nicht, hatte Schiller behauptet. Aber da hat er sich wohl geirrt.
Und jeder wird da nicht nur an sich selber denken, sondern auch an Menschen, die durch ihn geworden sind; die ohne ihn nicht so wären, wie sie sind.
Wo ist eigentlich unsere unbefangene Freude am Leben hingekommen? Wie oft und wie schnell denken wir daran, wie Menschen das Leben verdorben haben. Wie oft und wie schnell denken wir an das, was an uns selber immer noch so ungeordnet ist. Lassen wir doch für einen Augenblick einmal, was uns die Flügel stutzt und den Blick trübt. Wie schnell verwirren wir uns in Unsicherheit und Mißtrauen. Wie schnell fixieren wir uns auf das Negative, als ob es das andere alles nicht gäbe. Wie widerstandslos lassen wir uns einfangen von unseren Sorgen und Befürchtungen. Wir können die Wirklichkeit weder leugnen, noch dürfen wir sie retuschieren. Aber die Wirklichkeit ist reicher als wir in den verhangenen Stunden unserer Ratlosigkeit und Einsamkeit wahrnehmen. Wir sind keine Sinnlosen, wir sind keine Zufälligen. Wir sind Gerufene!
Die zweite Ebene, in der wir alle Gerufene sind, ist unsere christliche Existenz. Bei deinem Namen habe ich dich gerufen. Das ist nicht Literatur. Das hat sich abgespielt bei unserer Taufe. Und das war mehr als eine kirchliche Zeremonie mit anschließendem Familienkaffee. Damals fing etwas an, was vielleicht oft übertönt und dann vergessen und schließlich als unwirklich empfunden wurde, was aber nie zu Ende ist und immer wieder durchkommt: der neue Lebensruf.
Wissen Sie, liebe Leser, wo ich das immer wieder spüre: Sonntag für Sonntag, wenn ich die Menschen zur Kirche kommen sehe: jeden mit seinem eigenen, einmaligen Leben, jeden mit seinen menschlichen Sorgen und Lasten, die er

ganz alleine tragen muß, mit den Fragezeichen und Problemen, die auch da nicht gelöst werden – dann hilft mir das doch zum Leben. Dann hilft mir das für meine Sorgen und Lasten und nicht beantworteten Fragen. Es ist eine große Kraft darin, daß andere neben uns aushalten in der Hoffnung des Glaubens.

Indem ich die Menschen Sonntag für Sonntag in der Kirche sehe, wird mir bewußt, daß wir nicht nur Bürger einer Stadt sind, Bewohner eines bestimmten Viertels, sondern auch Brüder und Schwestern.

Wir haben alle unsere Adressen – und sind doch miteinander unterwegs zu Zielen, zu denen wir von woanders her gerufen sind.

Diese Tuchfühlung mit denen, die demütig von sich glauben, daß sie auch als Christen keine Zufälligen und keine Selbstverständlichen sind, sondern Gerufene. Die wie alle anderen leiden an den Ungereimtheiten des Lebens, die sich aber die unbefangene Freude nicht haben nehmen lassen: ein Christ zu sein.

Der Mensch verwirklicht sich nicht dadurch, daß er sich den anderen entzieht und sich in egoistischer Genügsamkeit das eigene, kleine Glück sucht. Nicht dadurch, daß er seine Hemmungen los wird, verwirklicht sich schon einer und daß er die Rücksichten vergißt – sondern durch die Begegnung, die ihn verwandelt, daß er offen ist, in den Menschen dem Herrn zu begegnen.

Ein letztes Mal werden wir alle gerufen, wenn wir aus diesem Leben in das andere, größere Leben gehen.

Die Einladung des Herrn an uns wird niemals enden: „Kommt und seht“.

Mit Jona lernen

An dem Jona komme ich nicht vorbei! Liebe Leser, nehmen Sie doch einmal die Bibel aus dem Regal, und lesen Sie die Geschichte ganz, sie ist ja nicht lang, ein paar Seiten nur: Sie ist spannend, und wir kommen alle darin vor.
Jona bekommt von Gott einen Auftrag. Er soll in die heidnische Stadt Ninive gehen. Da leben 120000 Menschen – mit anderen Worten: eine riesige Stadt. Da ging es drunter und drüber – in den Augen eines Gerechten wie Jona. Wieso läßt Gott sich das gefallen? Gibt es denn keine Gerechtigkeit mehr? Können die Menschen denn machen, was sie wollen? Gott macht sich ja lächerlich mit seiner Langmut. Aber da passiert es: „Jona, geh nach Ninive, in die große Stadt, und droh ihr das Strafgericht an! Denn die Kunde von ihrer Schlechtigkeit ist zu mir heraufgedrungen." Also doch! Gott läßt doch nicht alles mit sich machen. Das ist dem Jona recht. Daß ausgerechnet *er* den Auftrag bekommt, müßte ihn freuen. Aber er freut sich überhaupt nicht. Er macht, daß er wegkommt. Er begibt sich aufs Schiff und fährt die entgegengesetzte Strecke. Warum? Hat er Angst vor den Menschen in Ninive? Wie oft werden die Boten erschlagen, weil man die Botschaft nicht hören will! Oder ist er so ein sensibler Mensch wie Jeremia, der schrecklich gelitten hat unter der Härte seiner Botschaften? Keineswegs. Der Jona ist ein Robuster, kein Sensibler. Und Angst hat er kein bißchen. Er will nicht! Und warum will er nicht, obwohl er doch will, daß die Stadt bestraft wird? Weil er Gott nicht traut. Er traut Gott nicht zu, daß er seine Strafandrohung auch wahr macht. Die Barmherzigkeit Gottes ist ihm nicht geheuer. Am Ende wird er doch wieder verzeihen, wenn sie seine Strafpredigt ernst nehmen in Ninive. Dann wird es keine Flammenzeichen und keine rauchenden Trümmer geben, auf die er zeigen kann: „So geht Gott mit denen um, die sich gegen ihn wehren." Soll er etwa auf die unzerstörte Stadt zeigen: „So geht Gott mit denen um, die sich bekehren, so schlimm sie es auch vorher ge-

trieben haben." Nein – danke. Nicht mit ihm. Soll Gott einen anderen schicken. Er taucht unter. Sicherheitshalber steigt er in den untersten Schiffsraum. Nein, da findet Gott ihn nicht. Nachdem der Schlauberger Gott dieses Schnippchen geschlagen hat, wickelt er sich in seinen Mantel und schläft. Schläft fest, als ein Sturm aufkommt und das Schiff in Seenot gerät.

Was der für Nerven hat! Matrosen, vertraut mit den Elementen, haben eine natürliche Frömmigkeit, sie fangen an zu beten, „jeder zu seinem Gott". Bloß unser Prophet betet nicht. Er schläft. Er hat sich ja abgemeldet bei Gott. Er ist rein privat hier.

Das will dem Kapitän aber nicht in den Kopf. Er weckt den Jona: „Ruf' deinen Gott an!" Die Matrosen werfen das Los, das fällt auf Jona: Der ist das also schuld. „Was bist du für ein Mensch?" Jona gesteht ihnen, daß er auf der Flucht ist vor Gott. Da sind die Matrosen entsetzt: „Warum hast du das getan?" Jona schweigt. Wer so in der Krise ist wie er, kann die Antwort nicht sagen. „Werft mich ins Meer!" Das wollen die Matrosen nicht. Sie legen sich in die Riemen, um das Schiff wieder unter Kontrolle zu bekommen. Vergebens. In ihrer Todesangst werfen sie ihn dann doch ins Meer – und der Sturm hört auf. Hier könnte die Geschichte zu Ende sein, aber hier fängt sie erst an. Jona soll ja etwas lernen.

Er wechselt den Aufenthaltsort: vom untersten Schiffsraum in den Bauch des großen Fisches. Natürlich ist das ein Bild, aber was für eins! Die Psychologen lassen sich so ein Bild nicht entgehen. Da gibt es lesenswerte tiefenpsychologische Erwägungen (zum Beispiel Josef Goldbrunner, Erich Fromm).

Der Mann im Bauch des Fisches – was für ein Bild für die Einsamkeit, die Isolation, die Ängste des Menschen. Was für eine Gefangenschaft in dieser doppelten Dunkelheit, in die einer durch den Mangel an Liebe kommen kann (Fromm). Aber im Gegensatz zum „untersten Schiffsraum" schläft Jona im Bauch des Fisches nicht mehr. Er ist hell-

wach. Er betet: „In meiner Not rief ich zum Herrn; mich umschlossen die Fluten. Alle deine Wellen und Wogen schlugen über mir zusammen." Was für Bilder.
Der Fisch transportiert ihn an den Ausgangspunkt zurück. Jetzt könnte die Geschichte wieder zu Ende sein. Aber wiederum: sie fängt jetzt erst richtig an. Nun wiederholt sich nämlich wortwörtlich der Auftrag Gottes. Gott tut, als wäre nichts gewesen. Gott hat Humor. Es folgt jetzt das, was die heutige Lesung erzählt. Jona hat schon etwas gelernt: *So* kann er Gott nicht entkommen. Er geht nach Ninive. Furchtlos hält er seine Strafpredigt. Die Wirkung ist ungeheuer. Alle, bis zum König, glauben, was er sagt. Das Unerwartete geschieht: Umkehr und Bitte um Vergebung. Und Gott verzeiht. Aber das verzeiht Jona ihm nicht.
„Das habe ich mir gedacht, daß du ein gnädiger und barmherziger Gott bist!" Jona ist tief enttäuscht.
Aber vielleicht geht doch noch alles gut und die Stadt unter, denkt er sich. Auch er gibt nicht so schnell auf. Das hat er schon von Gott gelernt. Er baut sich im Sicherheitsabstand von der Stadt eine Laubhütte und wartet ab. Als nichts passiert, ist er so verbittert, daß er lieber sterben will, als in einer Welt zu leben, die so von Gott geliebt wird. Was macht Gott mit so einem Weltverbesserer? Er erweist ihm eine persönliche Wohltat (!): den schattenspendenden Rizinus. Aber dann sticht ein Wurm den Rizinus (was sind alle Geschichtenbücher der Welt und alle Psychologiebücher gegen die Bibel!), der Rizinus verdorrt. Und dem Jona fällt wieder nichts anderes ein als zu sterben, lieber sterben als nachgeben. Da sagt Gott zu ihm: „Dir ist es leid um den Rizinusstrauch, für den du nicht gearbeitet und den du nicht großgezogen hast. Mir aber sollte es nicht leid sein um Ninive, die große Stadt, in der mehr als hundertzwanzigtausend Menschen leben, die nicht einmal rechts und links unterscheiden können?" Mit dieser Frage – offen wie in der modernen Literatur – endet die Geschichte, mündet die Geschichte in unsere Geschichte. Wir sind der Jona. Auch wir sind zuweilen hart, unbeweglich, festgelegt. Auch wir ver-

weigern uns. Aber Gott schreibt gerade auch auf unseren krummen Zeilen. Auch wir ärgern uns manchmal über Gottes Langmut, und müssen mit Jona das Erbarmen lernen – weil wir davon leben, bis wir uns nicht mehr dagegen wehren.

Betroffen von soviel Vollmacht

Stellen Sie sich einmal vor, wir wären dabeigewesen: in der Synagoge von Kafarnaum. Ein normaler Sonntagsgottesdienst, die üblichen Leute. Nur daß heute nicht der Pfarrer predigt, sondern ein Gast. Von Zeit zu Zeit hört man mal gern einen „fremden Herrn". Nicht, daß man sich etwas Außergewöhnliches erwartet. Aber, zumindest am Anfang, hört man schon aufmerksamer zu als sonst.
So ähnlich auch damals, an einem Sabbat in Kafarnaum. Aber dann kam es ganz anders. „Sie waren sehr betroffen". Wodurch kann ein Prediger betroffen machen? Durch das, was er sagt – und durch seine Person.
Jesus machte sie betroffen durch beides.
„Das ist ja eine ganz neue Lehre", sagten sie zueinander. So hat noch keiner zu ihnen gesprochen.
Da war endlich einer, der sie verstand – und der sie annahm, wie sie waren. Der ihrem unbedeutenden Leben einen Sinn gab. Der ihnen Mut machte. Der ihnen Freude einflößte am Leben. Für den nichts, was er sah, zu gering war – und für den alles zum Gleichnis wurde. Der wunderbar frei ist von sich selber. Und darum auch frei von jeglicher Angst. Der für Wert und Unwert ganz andere Maße hatte: daß es eine größere Macht gibt als die Gewalt – nämlich die Liebe, daß Geringes – groß, daß Schwaches – stark, daß Verachtetes – geehrt, daß wenig – viel sein kann: ein Groschen mehr als ein Schein, daß die Demütigen ans Ziel kommen, die Stolzen aber auf der Strecke bleiben, daß einer genau soviel hat, wieviel er verschenkt, daß sich einer selbst verwirklicht dadurch, daß er sich verläßt, daß einer sich selber findet, indem er sich vergißt, daß man einen Docht, der nur noch glimmt, nicht ausdrückt – und ein Rohr, das schon geknickt ist, doch nicht bricht, daß der Gärtner den unfruchtbaren Baum nicht umhauen, sondern noch einmal umgraben soll, vielleicht bringt er dann Frucht.
Daß glaubwürdig nur die Liebe ist. Diese Liebe gibt – ohne zu zählen, sie nimmt nicht Maß an Äußerlichkeiten. Sie

nimmt überhaupt nicht Maß. Für diese Liebe sind alle Hände leer – und alle leeren Hände kostbar.
Ich weiß nicht, was Jesus ihnen bei jenem Sabbatgottesdienst alles gesagt hat. Aber seine wunderbare, frohe Botschaft ist ja in allem. Und läßt man sich erreichen von einem seiner Sätze, so erreicht einen die ganze Botschaft.
Von den vielen Zuhörern in der Synagoge von Kafarnaum wird einer besonders erwähnt: ein Kranker. Der biblische Erzähler nennt ihn „von einem unreinen Geist besessen". Ärzte können vielleicht aus den Angaben auf ein bestimmtes Krankheitsbild schließen. Aber wir würden es uns zu einfach machen, wenn wir nur an ein medizinisches Problem denken. Für die Anwesenden in der Synagoge war das Krankheitsbild offenbar nichts Ungewöhnliches. Aber indem Jesus sich diesem armen Menschen zuwendet, ihn, der von allen guten Geistern verlassen ist, heil macht, zeigt Jesus die Wirklichkeit hinter der Wirklichkeit. Hinter dem, was vordergründig passiert, wird die Vollmacht deutlich, mit der Jesus kommt. Er ist der Heiland. Um das zu sehen, bedarf es des Glaubens: in der Befreiung des Kranken von seinem Leiden sehen die Glaubenden Gott am Werk.
Zwingend ist das nicht. Aber für den Glaubenden ist das die Deutung: Da spürt er die Vollmacht Gottes wie in den Worten des Herrn, eine Vollmacht, die ihn tief betroffen macht. Wenn die Menschen ihn fragen: Wie bist du nur so ein Mensch, woher nimmst du die Kraft, so zu leben, dann zeigt er ihnen bereitwillig das Geheimnis seines Lebens: Es ist der Vater, in dessen Geborgenheit er lebt. Und die Menschen spüren: So eine Geborgenheit haben wir noch nie erlebt. Die kann man sich nicht einbilden, die ist wirklich.
Und da er so sichtbar aus der Verbundenheit mit seinem Vater lebt, macht er diesen Menschen wieder möglich, was am schwersten ist: zu glauben. Glaubt an Gott – und glaubt an mich: im Hause meines Vaters sind viele Wohnungen. Wenn das nicht so wäre, hätte ich euch das gesagt. So wie er von seinem Vater spricht, überführt er alle falschen Gottesbilder der Lüge. Das Bild vom fernen, unverständlichen

Jenseitsgott, das Bild vom strengen und strafenden Aufpassergott, das Bild vom kleinlichen Gebote- und Verbotegott. Wenn er von Gott spricht, dann sagt er einfach: mein Vater – und jeder, der das erfahren hat: einen guten Vater, weiß, was er sagt. Er läßt die Menschen spüren, daß Religion keine Last ist, sondern Heimat. Und sie ahnen, diese Welt, die sie wahrnehmen, ist nur die eine Seite der Wirklichkeit. Diese Welt, die ihnen oft so unverständlich ist, in der sie verplant und verkauft werden, und die sie doch lieben möchten.

Da ist einer, der das Schlimme zum Guten lenken kann, der auf krummen Zeilen gerade schreibt, der sie alle kennt, der weiß, wieviel Haare auf ihren Köpfen wachsen – und das wissen sie nicht einmal selber.

Das ist Jesu einfache Botschaft: Der Vater liebt euch. Und weil das so ist, hat das Leben einen Sinn: Lieben lernen. Und die Menschen haben es gemerkt: Das sagt nicht einer, der vom Leben keine Ahnung hat, sondern das sagt einer, der ohne alle Illusionen ganz genau weiß, was sich in dieser Welt abspielt. Das alles sagt er, und für das alles steht er ein.

In den Augen der Welt ist er damit gescheitert. Aufgehängt am Kreuz im Niemandsland zwischen Himmel und Erde. Aber dieses Scheitern ist seine letzte Bestätigung. Es ist das Scheitern des Weizenkornes, das in die Erde fällt und stirbt – aber nur darum, daß es Frucht bringt und lebt. Indem der Vater seine letzte Hingabe annimmt, kehren sich – ein letztes Mal – die Werte um: Aus Tod wird Leben, aus Untergang Herrlichkeit. Die Menschen waren sehr betroffen. Stellen Sie sich einmal vor, wir wären dabeigewesen: In der Synagoge von Kafarnaum. Wir wären sicher auch betroffen gewesen von Jesus. Aber das Glauben wäre uns dadurch nicht abgenommen worden, so wenig wie den Leuten damals. Und betroffen machen kann er uns auch heute. Wenn wir es zulassen.

Der Mensch Job redet mit Gott

So hieß der Titel eines Buches, das Peter Lippert vor fünfzig Jahren geschrieben hat.
Die berühmte Gleichnisfigur des Alten Testamentes ist für Lippert der „betende Mensch aller Zeiten, der nicht aufhören kann, Gott zu suchen. Es ist der mühselige und beladene Mensch, der unter seinen inneren Nöten noch mehr leidet als unter den äußeren Schmerzen und Schicksalsschlägen, die ihn reichlich treffen.
Er ist der fragende Mensch, der die Welt begierig durchforscht und sich immer wieder zitternd vor dem Unbegreiflichen findet. Er ist der wissende Mensch, der gebeugt geht unter der Last seiner Erfahrungen und doch nicht aufhört, all das zu lieben, was ihn beschwert. Der sich alles einmal von der Seele reden muß, aufrichtig und ohne Scheu – so wie eben Leidende reden."
Und weil dieser Mensch Job heute so viele Brüder hat, ist es gut – angeregt durch die alttestamentliche Lesung dieses Sonntags – über den biblischen Job ein wenig nachzudenken.
Wenn guten Menschen – Böses widerfährt! Ja, was dann? Ein guter Mensch *war* das – dieser Job – ohne Zweifel. Er war Gott dankbar. Gott konnte seine Freude an ihm haben. Der hat auch allen Grund, so zu sein, sagt der Satan in der Geschichte zu Gott. „Alles meinem Gott zu Ehren" – kein Kunststück, wenn einer alles hat und auf nichts verzichten muß. „Nimm alles, was wir haben", das hat schon mancher gesungen, ohne sich was dabei zu denken. Aber, wer von den unzähligen Sängern dieses Liedes hat das je ganz ernst genommen?
Job hält erstaunlich lange still. Das Leid häuft sich, und es ist schrecklich, was ihm alles widerfährt. Aber Job bleibt bei dem, was er gelernt hat: „Der Herr hat es gegeben. Der Herr hat es genommen. Der Name des Herrn sei gelobt."
Fast übermenschlich – diese Ergebenheit. Aber es kommt noch schlimmer. „Haut für Haut", sagt der Satan listiger-

weise. „Taste nur sein eigenes Fleisch an, dann ist es aus mit der Geduld. Job wird aussätzig. Damit ist er nicht nur auf qualvolle Weise sterbenskrank „von der Fußsohle bis zum Scheitel" – er ist auch „unrein", das heißt: ausgestoßen aus der Gemeinschaft der Menschen. Er sitzt zum Zeichen seiner Isolierung in der Asche. Seiner Frau ist das zuviel. Sie kann sich einen Gott nicht vorstellen, der das zuläßt. „Fluche und stirb", ist alles, was sie sagt. Und immer noch schweigt Job. Wie muß es in ihm ausgesehen haben? Seine Seele – so wund wie sein Körper. Kann *er* denn Gott verstehn? Nein – aber er schweigt.

Hätten wir das ausgehalten?

Dann wird ihm endlich ein Trost zuteil: Seine Freunde kommen. Sie erkennen ihn nicht wieder. Kürzlich ist mir das so ergangen, ich wollte eine Frau im Krankenhaus besuchen, aber ich habe sie nicht wiedererkannt, so hatte die Krankheit sie entstellt. Dann ist man sehr ratlos. Die Freunde waren es auch. Sie setzen sich auf die Erde, sie weinen, sie schweigen; denn da gibt es nichts zu sagen.

Und nun, vor den weinenden Freunden, bricht die Kraft des Job zusammen. Er kann nicht mehr, er verflucht seine Geburt. Warum, fragt Job. Wieviele Menschen haben das nach ihm gefragt? Warum? Am liebsten hätten die Freunde geschwiegen. Aber sie spüren, sie können sich nicht schweigend aus diesem Elend wegstehlen. Ganz vorsichtig beginnt der erste: „Du hast doch schon so viel Schwankende aufgerichtet. Jetzt sage ich dir selbst, was du anderen gesagt hast: es geht kein Gerechter zugrunde." So sprechen auch die beiden anderen. Aber das erträgt Job nicht. „Alles ist einerlei, Unschuldige – Schuldige, Gott bringt sie um. Ich kann euch nicht mehr hören.

Was wißt denn ihr? Schweigt – jetzt rede ich!" Und Gott? Gott nimmt Job seine zornige Rede nicht übel, wohl aber den Freunden ihre Erklärungsversuche. Gott überzeugt Job, daß das Leid in dieser Welt nicht aufgeht – und er gibt dem Job die Kraft, sein Warum Gott anzuvertrauen, ohne jetzt die Antwort zu wissen.

Es ist unter Kennern keine Frage: Dieses Buch Job ist Weltliteratur: großer Inhalt in großer Form.
Aber dieser Text, der jeden literarischen Vergleich aushält, ist mehr als Weltliteratur. Dieses ergreifende Menschenwort ist auch Gottes Wort. Hier wird im Alten Testament ein Höhepunkt erreicht, eine erste Ahnung als Antwort auf die uralte Menschheitsfrage: Warum läßt der gute Gott so Schlimmes zu?
Die letzte Antwort, die darauf möglich ist, wird uns von Jesus gegeben. Als er gekreuzigt wurde, der Heiland – aufgehängt zwischen Himmel und Erde, da war aller Welt Sinn verdunkelt, da war der Bodensatz alles Unbegreifbaren erreicht. Und dieser Jesus ruft am Kreuz: warum? Und bekommt darauf keine Antwort. Auch dieses Leid geht hier nicht auf. Er stirbt mit diesem Warum.
Aber er hat die Kraft, dieses schreckliche Warum Gott anzuvertrauen: „Vater, in deine Hände." Er legt das Warum in die Hände des Vaters. Mehr ist nicht möglich auf dieser Erde. Aber weil Jesus das getan hat, brauchen wir nicht zu verzweifeln. Wir können versuchen, ihm darin zu folgen: unser Warum, auf das wir keine Antwort hören, in die Hände des Vaters zu legen.
In der alttestamentlichen Dichtung wird dem Job am Ende das Unglück gewendet, alles wird ihm doppelt wiederhergestellt. Wunderbare orientalische Namen findet er für seine neuen Töchter: Täubchen, Zimtblüte, Schminkdöschen. Was für eine Freude am Leben! Gott schreibt gerade auf diese krumme Zeile. Das Unglück geht auf. In dieser Geschichte. Jesus aber stirbt am Kreuz. Da geht das Schreckliche nicht auf. Es geht *doch* auf: in der Auferstehung des Herrn. – Bei Job bleibt alles noch in der Ahnung des Zukünftigen. Aber zu welcher Höhe der Weisheit führt das schon hinauf! Peter Lippert sagt das so: „Sobald Job in das Schweigen der Liebe eingeht, wird es in ihm still. Wenn Job aufhört, zu reden und zu rechten, wenn er nur noch vertraut, dann hat er das Rätsel Gottes gelöst – auf Menschenweise. Dann ist der Mensch Job weise geworden."

Das Gleichnis vom Aussatz

Wer vor den Portalen der Kathedrale von Autun in Burgund steht, dessen Blicke gehen ganz von selber auf die gewaltige Plastik im Rundbogen über den Mitteltüren. Da blasen die Engel die Menschen zusammen, blasen sie vor sich her, blasen sie zum Gericht. Es ist ein Bildwerk von schauerlicher Realistik: wie die Dämonen die Verdammten greifen und verschlingen; aber auch mit welcher Seligkeit ein Mensch seinen Engel umarmt – und alle sind sie bezogen auf den einen in der Mitte. Alle ihre Leiden und alle ihre Freuden. Er beherrscht das Gericht und das Leben dieser vielen.

Vor diesem Bild versammelte sich im Mittelalter die erschütterndste Wallfahrt Frankreichs: die Prozession der Aussätzigen. Was für eine Anhäufung von menschlichem Elend!

In der Welt der Bibel war der Aussätzige radikal aus der Gesellschaft ausgeschlossen. Nun kann man sagen, das ist zwar hart, aber vernünftig, denn nur so kann man Anstekkungen eindämmen, so traurig das für den ist, der aus der Gesellschaft ausgesetzt wurde.

Aber die strengen Absonderungsvorschriften waren nicht wegen der Ansteckung erlassen, sondern, weil in der altjüdischen Auffassung der Aussatz den Menschen unrein machte für die Teilnahme am Gottesdienst. Nicht, weil er beim gemeinsamen Beten jemand infizieren könnte, sondern, weil er unwürdig war, am gemeinsamen Beten teilzunehmen. Der Aussätzige war so sichtbar von Gott geschlagen, daß der Fromme daraus die Konsequenzen zog und den von Gott Ausgesetzten auch aus der Gesellschaft aussetzte. Das war die Auffassung. Dann versteht man auch, warum die Priester zuständig waren, Krankheit und Heilung des Aussatzes festzustellen.

Wie ist eine solche Auffassung möglich! Es gibt keine Offenbarung Gottes, die aussagt, daß ein Aussätziger von Gott gestraft ist. Aber es gibt ein tiefes Verlangen im Menschen, zu wissen, wo er dran ist. Die Bereitschaft frommer

Juden, für die Rechtfertigung etwas zu leisten, war groß. Aber dann wollten sie es auch wissen und fingen an zu rechnen. Und rechneten sich ihre Rechtfertigung zusammen. Diesem handfesten, klipp und klar beweisbaren Denken entsprach dann die Vorstellung, daß die Ungnade Gottes über einen Menschen an seinem Leib Spuren hinterläßt. Als jener Blindgeborene zu Jesus geführt wurde, da fragten seine Jünger (ganz in dieser Auffassung gefangen), wer hat da Schuld auf sich geladen, daß er blind ist, er selber oder seine Eltern? Weder er noch seine Eltern, antwortete Jesus.

Zweimal in den Evangelien begegnet Jesus aussätzigen Menschen: Unterwegs nach Jerusalem begegnen ihm die Zehn – auf dem Weg durch die Dörfer in der Höhe von Kafarnaum kommt dieser Kranke auf ihn zu, von dem wir heute lesen.

Und Jesus berührte ihn mit der Hand!

Man kann sich die Wirkung auf die Umstehenden nicht groß genug vorstellen.

Nicht nur, daß Jesus offenbar keine Angst vor Ansteckung hat, sondern auch, daß er sich über die Vorschriften hinwegsetzt. Das Motiv, das Jesus dabei bewegt, erfahren wir von Markus: Der Mann tat ihm leid – damit beginnen ja so viele Heilungen, daß Jesus Mitleid hat mit den leidenden Menschen. Aber da ist mehr als Mitleid: Indem Jesus den Aussätzigen berührt, sagt er: Für mich gibt es keine Ausgesonderten.

Er durchbricht das Tabu. Niemand steht für ihn außerhalb. Jesus ist sich sicher bewußt gewesen, daß er damit provozierte, indem er sich von den überlieferten Gewohnheiten absetzt.

Nun mögen wir uns fragen: Was hat das mit uns zu tun? In unseren Ländern ist diese Krankheit verschwunden. Wir wissen wohl, daß es sie immer noch gibt. Gelegentlich werden wir aufgefordert, die kirchliche Hilfe für diese armen Kranken zu unterstützen. Aber hier begegnen wir ihnen nicht.

Oder doch?

Wenn die Aussätzigen damals die Außenseiter der Gesell-

schaft waren, dann sind wir wieder mittendrin, denn Außenseiter der Gesellschaft gibt es heute wie damals, und sie sind genau so ausgeschlossen aus der Gesellschaft: wenn nicht durch das Gesetz, dann durch die Tabus der stillschweigenden Übereinstimmung der Gesellschaft.
Zum Beispiel:
Wenn greise Menschen so behandelt werden, daß sie sich überflüssig vorkommen;
wenn an einsamen Menschen die anderen vorbeileben;
wenn es Behinderten so schwer gemacht wird, daß sie noch schlechter mithalten können;
wenn Menschen, die schwer zu lieben sind, auch nicht den Versuch einer Nähe erfahren.
Außenseiter in der Kirche – gibt es die nicht auch?
Wie schnell fällt manchem, wenn er von Strafentlassenen, Süchtigen, Alkoholikern hört, auch nichts anderes ein, als daß das faule Äpfel sind, die ausgesondert gehören. Unbrauchbar und unwürdig für den Kult der Gesellschaft!
Vielleicht sollten wir uns heute einfach sagen lassen: In der Welt des Neuen Testamentes, der wir angehören, gibt es keine Außenseiter. Für Jesus nicht. Und das genügt doch.
Die Hand ausstrecken nach ihnen, wenn sie uns begegnen – wie Jesus! Beten, daß unser Herz weiter wird, daß es vorsichtiger wird mit Urteilen, daß es wachsamer wird gegen den eigentlichen Aussatz: den Egoismus.

Zwischen Engeln und Tieren

Der Geist trieb Jesus in die Wüste. Er lebte bei den wilden Tieren, und die Engel dienten ihm.
Was für ein Satz!
Markus führt am Anfang seines Evangeliums eine doppelte „Standortbestimmung" Jesu durch: bei der Taufe am Jordan durch die großartige Bestätigung Jesu durch den Vater: „Du bist mein geliebter Sohn" – und beim Wüstenaufenthalt „zwischen Engeln und Tieren".
Das ist genau die Position des Menschen: zwischen Engeln und Tieren. Man muß schon die Weltliteratur rauf- und runtersuchen, um ein Bild zu finden, daß Größe und Gefahr des Menschen besser beschreibt. Das Geschenk der Freiheit ist auch die Versuchung des Menschen, den Standort zwischen Engeln und Tieren zu verlassen; wir wissen nur zu gut, mit welchem Ergebnis.
Jesus – zwischen Engeln und Tieren, zwischen Freiheit und Versuchung, das soll zeigen, wie die ursprüngliche Ordnung ausgesehen hat, die der Mensch verlassen hat.
Jesus – zwischen Engeln und Tieren, zwischen Freiheit und Versuchung, das soll aber auch zeigen, daß die ursprüngliche Ordnung wiederhergestellt wird: eben durch Jesus. Das ist eine frohe Botschaft am ersten Fastensonntag.
Zwischen Freiheit und Versuchung sind wir ja angesprochen mit dem, was gerade beginnt – mit der Fastenzeit.
Ich lade Sie ein, mit mir ein wenig darüber nachzudenken, welchen Sinn das hat.
Fastenzeit ist ein Wort, das weckt bei vielen negative Empfindungen – wie Hausputz und Abmagerungskur.
Da weiß man auch, was einem bevorsteht.
Wenn meine Mutter sonntags sagte: Morgen fang' ich mit dem Hausputz an, dann habe ich jedesmal gedacht: Muß das sein? Mir war es auch so gemütlich. Für mich mußte das nicht sein. Gesagt habe ich das nie. Auf so eine Diskussion ließ sich meine Mutter nicht ein. Wenn der Hausputz dann vorbei war, fand ich jedesmal, daß es sich gelohnt hatte.

Eine vernünftige Hausfrau putzt, weil sie weiß, daß der Mensch nicht aufgeben darf gegen Staub und Dreck und Abnutzung – und nicht, weil Putzen so schön ist. Wenn das einen Selbstzweck bekommt, muß man aufpassen. Der Zweck heiligt überhaupt nicht die Mittel. Aber erst das Ziel macht die Mittel sinnvoll.
Auf etwas verzichten, bloß um zu verzichten, ist zu wenig. Es gibt eine gewisse Tradition, die schon deshalb etwas für gut hält, weil es schwerfällt und weh tut. Auch darüber lohnt sich nachzudenken. Christlich ist das nicht. Nicht weil etwas weh tut, ist etwas gut. Und nicht, weil etwas Freude macht, ist etwas weniger gut. Das erste, was also wichtig ist, ist das Motiv. Solange einer in der Fastenzeit nichts anderes sieht als eine ungeliebte Pflicht, wird er keine Freude haben, sich darauf einzulassen, der wird das über sich ergehen lassen wie schlechtes Wetter. Anders der, der ein Motiv hat.
Freiheit ist ein solches Motiv. Wenn ich ehrlich bin, sehe ich, daß meine Freiheit gefährdet ist. Und wenn ich das feststelle, dann muß ich mir ein paar Fragen stellen: Was gefährdet meine ganz persönliche Freiheit? Was muß ich unbedingt haben? Und wenn ich es nicht habe, werde ich ungehalten, nervös, schlecht gelaunt? Gibt es Abhängigkeiten in meinem Leben? Die stellen sich nie von jetzt auf gleich ein, eher unbemerkt und unauffällig, wie sich Staub niederläßt!
Haben sich Zwänge in mein Leben eingeschlichen? Manche Zwänge geben sich modern und aufgeklärt – und sind doch die alten Ketten. Hindert mich etwas, so zu leben, wie es für mich gut ist, wie ich das eigentlich möchte?
Gibt es etwas, was ich schon lange vor mir herschiebe, ohne daß ich zu einem Ergebnis und schon gar nicht zu einem Entschluß gekommen bin?
An solchen Fragen spürt man, ob einem an der ganz persönlichen Freiheit viel liegt.
Es macht frei, den fundamentalen Vorrang wiederzuentdecken, daß Sein mehr ist als Haben.
Ein anderes Motiv ist: Teilen.

Der Geist der Fastenzeit, sagte der Papst einmal, ist der Geist der Liebe und des Teilens.
Wir haben nicht mehr die Unschuld der Unwissenden.
Wir wissen, was in der Welt passiert. Wir wissen, daß neben jedem Teller, der voll ist (unser Teller), zwei Teller stehen, auf denen nicht genug ist.
Die Bürger der Bundesrepublik Deutschland machen sich Weihnachtsgeschenke in einer Höhe von mehr als 18 Milliarden Mark.
Da sind meine Geschenke auch dabei: die Geschenke, die ich bekommen habe, die ich gemacht habe. Geschenke, die mir und anderen Freude bereitet haben.
In die ständige Kalkulation dessen, was wir uns gönnen, gehören die Menschen, die darben.
Das Teilen üben, bis es uns zur zweiten Natur wird.
Als Kardinal Frings 1958 zu den deutschen Bischöfen sprach, um das Werk MISEREOR zu gründen, sagte er: „Es gibt Abenteuer im Geist. Und am Anfang aller großen Dinge steht ein solches Abenteuer. Etwas Großes wird MISEREOR nicht durch die Höhe der Spenden, sondern dadurch, daß wir uns MISEREOR zu einer Sache unseres Herzens machen. Zu einer Sache, die uns nie mehr losläßt. Ein Hilfswerk ist MISEREOR auch für uns: denn die Freiheit eines Herzens ist genau so groß wie seine Weite."

Leid und Verklärung

Wir wollen versuchen, die frohe Botschaft von der Verklärung Jesu im Zusammenhang des Evangeliums zu sehen. Was sagen wir aus mit dem Satz, die Verklärung Jesu sei erfolgt im Anschluß an seine erste Leidensankündigung?
Die Ankündigung Jesu, er werde viel leiden müssen, von den Ältesten, den Hohenpriestern und Schriftgelehrten werde er verworfen werden, sie würden ihn töten – das traf die Jünger wie ein Keulenschlag. „Um Gottes Willen!" Diese ganz spontane Reaktion des Petrus gibt nicht nur dessen Gemütsbewegung wieder.
Einfache, kleine Leute waren sie gewesen. Um ihre Meinung hatte sie nie einer gefragt. Was wichtig war, regelten andere. Aber dann war Er gekommen. Er hatte ihr Leben verwandelt, wie sie sich das nicht einmal hatten vorstellen können. Nun hatte ihr Leben einen Sinn: Er war der Sinn ihres Lebens. Sie lernten durch ihn alle Dinge anders sehen. Worauf es ankam, das waren bei ihm ganz andere Sachen. Das war ein neues Leben, das sie da führten – und ein glückliches Leben. Sie waren die Zeugen seiner Machttaten. Sie spürten die ungeheure Wirkung, die er auf die Menschen hatte. Und *sie* waren seine Jünger! Wieso war das gerade ihnen zuteil geworden? Es gab so viele Intelligentere, Einflußreichere, Geschicktere! Wenn sie untereinander darüber sprachen, lächelte er. Als Antwort spielte er mit einem Kind.
Und nun das! Leiden, Gekreuzigtwerden. „Um Gottes Willen!"
Wenn das *so* endet, dann endet auch jeder Sinn. Dann bedeutet es nichts, wenn sie danach noch am Leben sind. Dann wird ihr Leben wieder zurücksinken in das kleine Mittelmaß, in dem sie lebten, ehe er kam, nur jetzt beladen mit der Vergeblichkeit ihrer enttäuschten Hoffnung. Was sollen sie von einem Gott halten, der das geschehen läßt? Das macht sie so verstört, daß sie das Ende seiner Leidensankündigung gar nicht in sich aufnehmen, „und am dritten Tag werde er auferstehn."

Schroff war Petrus abgewiesen worden, als er Jesus „gut zureden" wollte, als er ihm das ausreden wollte. In aller Deutlichkeit hatte Jesus ihnen klargemacht: Es gibt keinen anderen Weg. Und das ist der Weg nicht nur für mich. Das ist auch Euer Weg, wenn Ihr bei mir bleiben wollt. Auch Euer Weg ist ohne das Kreuz nicht zu gehen.
Tage ist das nun her. Tage, wo sie mit ihren bangen Fragen allein waren. Würden sie denn ohne Antwort gelassen?
Und dann kommt die Antwort!
Jesus nimmt den Petrus, den Johannes und den Jakobus mit sich auf den Berg, um zu beten.
Nein, das sind keine chronologischen Verlaufsreporte. Aber jeder Satz hat seinen tiefen Sinn. „Um zu beten". Nicht um nachzudenken. Nicht um zu diskutieren. Um zu beten. Die Antwort kann nur von Gott her kommen, nicht im Grübeln – nur im Beten. Und als sie beten, wird ihnen die Offenbarung zuteil, daß Gott Jesus bestätigt: „Das ist mein geliebter Sohn, auf ihn sollt ihr hören." Die vollkommene Annahme durch Gott, wie Jesus sie bei seiner Taufe am Jordan erfahren hatte. Das erfahren sie jetzt. Wenn Jesus der von Gott geliebte Sohn ist, wenn er der von Gott ganz Angenommene ist, dann geht das tiefer als alle Leidensangst und alle Todesahnung. Er ist die Ostersonne, die den Berg verklärt. Hier klingt zum ersten Mal das Thema im Zusammenhang an: Leiden *und* Verklärung, Passion *und* Auferstehung. Ohne Ostern wäre der Karfreitag zum Verzweifeln. Nicht, daß ihre Fragen nun beantwortet sind. Sie verstehen das Wort von der Auferstehung noch nicht. Erst von daher wird sich einmal alles lösen. Aber da sie mit ihm den Berg hinabsteigen, sind sie keine Fatalisten, die mit zusammengebissenen Zähnen einem schlimmen Schicksal entgegengehen. Ihr Vertrauen auf Jesus hat eine tiefe Bestätigung erfahren.
Der Gedanke des Kreuzes muß wachsen – in ihrem Leben wie in unserem Leben: daß Jesu Kreuz und unser Leben miteinander zu tun haben, daß auch das mit uns zu tun hatte, als Jesus rief: „Es ist vollbracht", daß keiner eine größere Liebe hat als wer sein Leben hingibt für seine Freunde –

und daß wir zu diesen Freunden gehören. Und daß das nicht Literatur ist, sondern Wirklichkeit. Eine Wirklichkeit, die oft zugedeckt ist von soviel Oberfläche und Alltäglichkeit, von der wir aber leben.
Und daß wir alle ja selber auf dem Kreuzweg sind – beladen mit unserem eigenen Kreuz. Beladen mit allem, was uns bedrückt. Beladen mit all den Ungereimtheiten unseres Lebens, mit den vielen Ängsten. Mit allem, was uns mißlingt. Mit allem, was wir nicht verstehn. Mit allem, was über unsere Kräfte geht. Mit allem, was unser Verlangen durchkreuzt.
Aber auch, daß wir damit nicht allein sind. Daß wir unser menschliches Kreuz unter das Kreuz des Herrn stellen – als Zuflucht, weil wir sonst gar nicht wissen – wohin.
Und daß wir ahnen, daß unser eigenes Kreuz – das Kreuz des Herrn selber ist.
Daß aber auch Jesu Auferstehung mit unserem Leben zu tun hat. Daß – wer mit ihm leidet – auch mit ihm verherrlicht wird.
Dieses große Osterthema – hier klingt es zum ersten Mal an.
Die frohe Botschaft von der Verklärung Jesu will auch uns Mut machen: Das Kreuz in unserem Leben ist eine Wirklichkeit – aber nicht die ganze Wirklichkeit.
Wie die Ostersonne schon auf den Berg der Verklärung scheint, gibt uns diese Botschaft eine Ahnung dessen, was wir alle am Ende einmal schauen werden, und was wir alle am Ende einmal Jesus nachsprechen werden: „Mußte ich nicht all das leiden, um so in meine Herrlichkeit einzugehen?“

Ausruhen und Feiern

Wer Sonntag für Sonntag die beiden Lesungen und das Evangelium auf sich wirken läßt, der sieht sich jedesmal einer Fülle von Gedanken gegenüber. Gar nicht möglich – auf alles einzugehen! Je nach der Situation, in der einer sich befindet, spricht ihn ja auch bald dies – bald jenes ganz spontan und stärker an.

Mich hat in dieser Woche am stärksten angesprochen der Satz: „Der siebte Tag ist ein Ruhetag, dem Herrn, deinem Gott, geweiht."

Der siebte Tag ist nicht für die Arbeit da, sagt Gott. Der Sabbat ist das Geschenk des Schöpfers an seine geplagten Kreaturen und nicht das Ergebnis von Tarifverhandlungen. Da muß ich mich zuerst einmal freuen über dieses Geschenk des Schöpfers an uns alle.

Sechs Tage kannst du andere über dich verfügen lassen, sagt Gott. Sechs Tage kannst du selbst über deine Kräfte verfügen. Aber das reicht! Nein, sagt der Mensch, das reicht nicht. Da bin ich noch nicht fertig. Ob du fertig bist, sagt Gott, oder nicht – das reicht! – Gott hat das wohl kommen sehen, daß der Mensch eine Neigung hat, andere und vor allem sich selbst zu überfordern. Die Neigung zu übertreiben, das rechte Maß zu verlieren, ist uns allen ja unter dem Stichwort „Streß" reichlich bekannt. Viele leben – ohne schöpferische Pause – aus der Hand in den Mund. Was dabei herauskommt, ist dann auch entsprechend. Freie Zeiten werden immer seltener, immer mehr davon wird beansprucht von Arbeit und Beruf, wird beansprucht durch Zwänge, welche die fatale Neigung haben, sich selbständig zu machen.

Nein, sagt Gott dazu. Ihr seid frei. Ihr seid sogar frei, euch zu ruinieren. Aber beruft euch dabei nicht auf mich. „Der siebte Tag ist ein Ruhetag, dem Herrn, deinem Gott, geweiht."

Da hört man deutlich zwei Aspekte heraus: Ruhe und Weihe.

Zunächst das erste: Ruhe – keine Arbeit – frei. Gottes Maß hat reich gemessen: Zweiundfünfzig Tage im Jahr, das sind siebeneinhalb Wochen, das sind zehn Jahre bei einer Lebenszeit von siebzig Jahren, soviel Zeit – ohne Arbeit!
Ich werde das monumentale Grabmal aus rotem Marmor auf dem Mailänder Zentralfriedhof nie vergessen, wo große Lettern verkünden: das Leben dessen, der hier begraben ist, habe nur aus Arbeit bestanden.
Wenn das wahr ist, war der Mann das selber schuld.
Siebeneinhalb Wochen im Jahr – nicht arbeiten. Das ist eine vernünftige Hausordnung, wenn wir uns nur daran halten würden! Aber wer gesteht sich das schon selber zu – ohne schlechtes Gewissen! Ganz am Anfang der Bibel, im vierten Kapitel des Buches Genesis, ist von den Nachkommen des Kain die Rede. Da wird einer namens Lamech erwähnt, der hatte zwei Frauen. Die eine gebar ihm den Jubal, den Stammvater der Flötenspieler. Die andere gebar ihm den Tubalkain, den Stammvater der Hämmerer! Sehen Sie, so alt ist das Problem schon: der Flötenspieler und der Hämmerer, der homo ludens und der homo faber, der spielende Mensch und der schaffende Mensch. Der letztere ist immer auf seine Kosten gekommen. Der andere, der Flötenspieler, nicht. Um den hat Gott sich eigens gekümmert: Am siebten Tag darf geflötet werden. Daß Freizeit, Erholung, Ruhe ein *eigenes* Recht haben, das hat sich auch unter uns erst ganz langsam durchsetzen müssen. Daß Erholung keinen Selbstzweck hat, sondern nur im Dienst gesteigerter Arbeitsleistung steht, war lange Zeit allgemeine Moralauffassung. Leider!
Da gefällt es mir schon besser, was der Moraltheologe Bernhard Häring 1981 schreibt: „Der bedeutendste Beitrag der Christen zur menschlichen Kulturentfaltung ist in erster Linie ihr vollgültiges Menschsein."
Genau das hatte Gott mit diesem Gebot im Auge, das vollgültige Menschsein. Es ist interessant: Kein Gebot (außer dem ersten, grundlegenden) ist auf dem Berge Sinai so ausführlich beschrieben und begründet worden wie dieses dritte

– daraus kann man auf die Bedeutung schließen, die Gott ihm beimißt. Nicht der muß ein schlechtes Gewissen haben, der mal nichts tut – sondern der, der sich nicht mehr erholt.

In einer gewissen asketischen Erziehung lernten wir die Reihenfolge: zuerst das Notwendige, dann das Nützliche und schließlich (wenn noch etwas bleibt) das Angenehme. Nur Bronze für das Angenehme? Gott sagt: Am siebten Tag ist Ruhetag, egal ob das Notwendige und das Nützliche fertig sind oder nicht.

Dieser Ruhetag ist dem Herrn geweiht. Das ist mehr als nichts tun. Das ist zunächst: Besinnung auf den Ursprung dieser Wohltat. Der Ursprung ist der Schöpfer, nicht irgendwelche Tarifpartner. In seinem schönen Vortrag „Gottesdienst – warum?“ (Benziger Verlag) fragt Hans Küng: „Wäre es nicht notwendig, daß der Mensch im Rhythmus der Wochentage auch wirklich zur Ruhe kommt, nicht nur äußerlich durch Ausschlafen und Nichtstun, sondern auch innerlich durch wahre Erholung: daß er zu sich selber findet, daß er zur Besinnung kommt, daß er sich wieder auf seine eigentlichen Ziele und Normen ausrichtet und sich so wieder einholt und erholt.

Bedeutet in diesem Zusammenhang nicht ein guter Gottesdienst eine unersetzliche Chance für den Menschen? Nicht Gott gewinnt etwas durch unseren Gottesdienst, sondern der Mensch! Es bedeutet für den Menschen eine große Chance, wenn er im Gottesdienst seinen Glauben reaktivieren darf, wenn er dadurch ruhig, ausgeglichener wird, etwas Abstand gewinnt von dem, was ihn täglich drückt und hetzt, wenn er mit zuverlässigen Leitwerten konfrontiert wird, sich wieder an ersten und letzten Maßstäben orientieren darf, wenn er den Sinn in seinem widersprüchlichen Leben neu entdeckt und neu gewinnt.“ Ja – wirklich, welche Chancen!

Und das kann man ja erfahren. Ich darf das als Pastor einer Gemeinde Sonntag für Sonntag erfahren. Und ich werde nicht müde, mich darüber zu freuen: über Menschen, denen

ich sagen darf: Der Herr ist mit euch. Und: Nehmt und eßt – das ist mein Leib. Und: Der Herr segne euch.
Menschen, die mit ihrem Glauben nicht allein sind.
Menschen, die gemeinsam glauben, daß Jesus der Sinn unseres Lebens ist. Menschen, die gemeinsam glauben, daß es Vertrauen gibt in der Welt, so wirklich und so notwendig wie Brot, daß es Liebe gibt in der Welt – daß dieses Vertrauen und diese alltägliche, unauffällige Liebe das einzige ist, was wirklich zählt in unserem Leben, der einzige Grund, nicht aufzugeben und nicht zu verzweifeln.
Keiner ist da allein mit seiner Einsamkeit, mit seinen Spannungen, mit seinen Enttäuschungen, mit seiner Sehnsucht. Und daß wir das nicht nur denken, daß wir das auch zum Ausdruck bringen in den vielfältigen Formen des Gottesdienstes. Daß wir das dankbar feiern und gemeinsam den Vater dafür loben: den Schöpfer, weil er unser Zusammenleben durch den Ruhetag so wunderbar geordnet hat, den Erlöser, der uns in seinem Gedächtnis versammelt, als seine Brüder und Schwestern. Wenn wir sonntags in die Kirche gehen, ist das eine Quelle von Kraft. Christen feiern den Gottesdienst, um gemeinsam die Kraft zu finden, ihren Alltag zu bestehen.

Die Welt – von Gott geliebt

Ist das ernst gemeint – dieser Satz? Daß diese Welt von Gott geliebt ist? Da werden nicht alle zustimmen.
Diese Welt ist verderbt, sie ist dem *Zorn* Gottes verfallen. Und Gott hat sie ihrem widerlichen Tun preisgegeben. Der Gott dieser Welt ist der Böse, der Mörder und Lügner von Anbeginn.
Die Welt liegt ganz im Bösen. Das kann man alles in der Bibel lesen. Und es fehlt – weiß Gott – nicht an Belegmaterial für diese Thesen. Nun – wenn man nicht einer oberflächlichen Schwarz-Weiß-Malerei verfallen will, dann muß man es wohl etwas differenzierter sehen – und das tut die Bibel ja auch.
Es gibt in der Tat in der Welt etwas Gegensätzliches zu Gott. Aber – und daran läßt die Bibel keinen Zweifel – das stammt nicht aus ihrem Ursprung und gehört nicht zu ihrem Wesen.
Die Welt ist Gottes gute Schöpfung. Sie ist und bleibt Gottes Eigentum. Es gibt nichts, was tiefer geht, als die Bejahung der Welt durch Gott. In der Menschenwelt gibt es Freiheit. Freiheit ist etwas Kostbares. Wie kostbar – darüber sind wir uns kaum genügend klar. Die freie Entscheidung für das Gute, die durch nichts erzwungene, frei dargebrachte Liebe eines Menschen zu einem anderen, das frei geschenkte Wort der Vergebung, des Vertrauens, die frei geschenkte Liebe des Geschöpfes zu seinem Schöpfer – das ist so großartig, daß Gott die Kehrseite der Freiheit dafür in Kauf nimmt. Ohne die Freiheit sind wir Marionetten, die schönsten Marionetten, die es gibt – aber Marionetten. Wer frei ist, kann sich versagen. Wer frei ist, wird auch von Gott nicht gezwungen, zu öffnen, wenn der Schöpfer in sein Eigentum kommt. Es ist möglich, die Finsternis mehr zu lieben als das Licht. Es gibt das Böse in der Welt. So findet jeder von uns die Welt vor: zwischen Bejahung und Widerspruch.
In einem Satz, wie er nur selten gelingt, beschreibt das Zwei-

te Vatikanische Konzil diese Welt, die der Mensch vorfindet: „Vor seinen Augen steht also die Welt der Menschen, das heißt, die ganze Menschheitsfamilie mit der Gesamtheit der Wirklichkeiten, in denen sie lebt; die Welt, der Schauplatz der Geschichte der Menschheit, von ihren Unternehmungen, Niederlagen und Siegen geprägt; die Welt, die nach dem Glauben der Christen durch die Liebe des Schöpfers begründet ist und erhalten wird; die unter die Knechtschaft der Sünde geraten, von Christus aber, dem Gekreuzigten und Auferstandenen, durch Brechung der Herrschaft des Bösen befreit wurde; bestimmt, umgestaltet zu werden nach Gottes Heilsratschluß und zur Vollendung zu kommen."
Noch einmal also – und ganz ernst gemeint – die Welt ist von Gott geliebt, so sehr, daß er seinen einzigen Sohn dahingab. Und der wurde nicht gesandt, um die Welt zu richten, sondern um sie zu retten.

Nach dem Krieg sendete der Rundfunk einmal ein Hörspiel: „Wer weint um Jukenak?" Einer namens Jukenak kommt eines Tages dahinter, daß kein Mensch weinen wird, wenn er einmal stirbt. Keiner wird ihn vermissen, niemand braucht ihn; es ist egal, ob es ihn gibt, da ist keiner, der ihn liebt. Diese plötzliche Einsicht führt bei dem Mann zu einem erschütternden Zusammenbruch. Wer liebt mich, wer braucht mich, wen kümmert es, daß es mich gibt?

Ich denke, daß Gott darauf eine Antwort gegeben hat. Immer wieder haben die Menschen Gott gefragt: „Warum hast du dich auf diese Welt eingelassen und auf die Menschen? Warum bist du gekommen? Gottes Antwort auf diese Frage ist einfach: weil ich euch liebe.

Und damit höre ich nicht mehr auf, ich liebe euch alle; so wie ihr seid, liebe ich euch. Nicht im Sicherheitsabstand liebe ich euch und nachdem ihr zuerst gezeigt habt, wie dauerhaft ernst es euch damit ist. Ich fange mit dem Lieben an, sagt Gott, und ich will nicht wissen, was ich dafür bekomme. Ich halte meine Liebe nicht zurück aus Angst vor Enttäuschungen, so radikal lasse ich mich auf euch ein, wie ein neugeborenes Kind: preisgegeben und ungeschützt.

Ich teile euer Leben. Ich spüre selbst den Schlag eines Menschenherzens, ich lache euer Lachen, ich weine eure Tränen, es sind eure Freuden, die mein Herz froh machen, ich weiß jetzt, was es heißt, eine Mutter zu haben, ein Gesicht, das mich anlacht, Augen, die sagen, ich hab' dich lieb. Ich habe es erfahren, sagt Gott.
Ich teile eure Leiden. Ich habe keinem etwas voraus. Ich werde nicht geschont: nicht in den Einsamkeiten, nicht in den Schmerzen. Ich teile euer Leben. Wie soll ich euch noch zeigen, wie ernst es mir mit meiner Liebe ist. Du, Mensch, du bist kein Jukenak, mich kümmert das, daß es dich gibt. Du hast ein Recht auf Liebe – und ich bin gekommen, es dir zu geben. Wenn ihr Menschen, sagt Gott, euch doch bloß davon berühren lassen würdet. Wenn euch das doch bloß unter die Haut gehen würde. Ihr habt, sagt Gott, eine sagenhafte Fähigkeit entwickelt, euch meine Liebe vom Leib zu halten. Denn das spürt ihr wohl genau: Wer sich lieben läßt, der läßt sich ebenso ein wie der Liebende: Man weiß nie, was daraus wird. Wer sich nicht lieben läßt, der bleibt höflich, der geht kein Risiko ein, dem kann nichts passieren, der wird aber auch nie erfahren, was es heißt, geliebt zu werden.
Am Tag der Menschenrechte habe ich die Kinder in der Schule gefragt, was das denn wohl ist, worauf der Mensch ein Recht hat. Da hat ein achtjähriges Kind ganz spontan gesagt: auf Liebe. Der Mensch hat ein Recht auf Liebe. Eine wunderbare Antwort. Das sagt nur ein Kind. Und Gott sagt das. Gott bestätigt dieses Menschenrecht auf Liebe, indem er kommt, indem er liebt, indem er teilnimmt. Und das heißt auch, daß Gott lieben möchte durch uns. Auch wir sind zuständig, daß ein Mensch zu seinem Recht auf Liebe kommt. Das fängt beim eigenen Partner an, wo es am meisten konkret ist, wo so viel Geduld dazu gehört, die Mauer abzutragen, die eine enttäuschte Liebe um sich baut. Und das hört bei den Menschen, die scheinbar zufällig unsere Wege kreuzen, noch längst nicht auf. Und jeder, der bereit ist, daran mitzuhelfen, daß der Mensch zu seinem Recht

auf Liebe kommt, der wird erfahren, daß man sich nicht einlassen kann aus dem Sicherheitsabstand der Entfernung, daß, wer sich einläßt auf die Not eines anderen, auch etwas abkriegt von der Not des anderen, daß Enttäuschungen und Fehler hingenommen werden müssen, daß man nicht fragen darf, was bekomme ich denn dafür? Wer bereit ist, den Menschen zu ihrem Recht auf Liebe zu verhelfen, der geht den gleichen Weg wie Gott.
Ja – es ist wahr. Der Mensch hat ein Recht auf Liebe.
Und dieses Recht wird ihm nicht leicht gemacht. Ihm dazu zu verhelfen, ist schwer und schön zugleich, und das ist unser ganzer Glaube: So sehr hat Gott die Welt geliebt.

Wir möchten Jesus kennenlernen

Die das sagen, sind Griechen, Heiden sind das, die zum jüdischen Glauben übergetreten sind. Nun kommen sie nach Jerusalem, ins Zentrum also, um an Ort und Stelle das Osterfest mitzufeiern, so ähnlich wie wir, wenn wir uns aufmachen ins Heilige Land, um selber einmal an den Stellen zu stehen, von denen wir immer gehört haben: nicht Touristen, sondern Menschen, die suchen, Menschen, die offen sind für Erlebnisse und Eindrücke. Aber in Jerusalem werden sie nicht nur mit dem Tempel konfrontiert, mit den Hohenpriestern, den Schriftgelehrten, sondern auch mit Jesus. Von Jesus ist in diesen Tagen überall in Jerusalem die Rede. Vielleicht haben sie den Empfang miterlebt, den seine Anhänger ihm vor wenigen Tagen bereitet haben. „Wir möchten ihn sehen." Da ist mehr gemeint, als daß sie wissen möchten, wie er aussieht. Sie möchten ihn kennenlernen. Was sie von ihm gehört haben, hat sie berührt. Er ist ein gläubiger Jude. Aber er lehrt wie einer, der Macht hat. Zwischen Jüngerschaft und Ablehnung spüren sie die Spannung.

Sollen sie ihm glauben? Was riskieren sie, wenn sie ihm glauben? Was riskieren sie, wenn sie ihm nicht glauben? Die Krise um Jesus hat begonnen, das spüren diese Leute. Es gehört Mut dazu, in dieser Situation in Jerusalem zu sagen: Wir möchten Jesus kennenlernen.

Sie wenden sich nicht direkt an Jesus. Es geht über zwei Stationen: Zuerst nimmt sie der Philippus ernst, aber der ist sich nicht so recht im klaren, er bespricht sich mit Andreas. Zusammen gehn die beiden dann zu Jesus. Wunderbares Gleichnis für die Menschen, die für andere vermitteln, die das zuwege bringen, daß Menschen zu Jesus finden. Ich könnte solche Namen in meinem Leben nennen, die mir so ähnlich geholfen haben.

Viele können solche Namen nennen. Vielleicht sind wir für andere solche Namen.

Die Anwort, die Jesus ihnen gibt, scheint aufs erste Hören

gar keine Antwort zu sein. Voller Geheimnis ist, was Jesus sagt. Man kann lange und immer wieder darüber nachdenken. Und das ist uns wohl klar: Diese Antwort geht uns genau so an wie jene Griechen damals. Jesus kennenlernen, das möchten wir auch. Wir wissen auch nicht so recht, wie. Wir trauen unserer Bereitschaft nicht so ganz, weil wir nicht übersehen, auf was wir uns da einlassen. Jesus nimmt uns genau so ernst wie die Griechen damals.
Er möchte das auch, daß wir ihn kennenlernen. Und er sagt uns auch, wie. Er sagt es in einem Bild: Das Weizenkorn muß sterben, nur so bringt es Frucht.
Übertragen auf unser Menschenleben, heißt das: wer für sich selber leben will, ist unfruchtbar. Wer bereit ist, von seinem Leben abzugeben, von seinem äußeren Besitz – mehr aber noch von seinem inneren Reichtum: von seiner Freude, seiner Erfahrung, seiner Begabung, aber auch von seinen Sorgen, seinen Unsicherheiten und Ängsten, von allem, was in ihm lebendig ist – wer bereit ist, sein Leben zu verbrauchen, anstatt es eingepackt zu lassen – wer frei wird von dem Krampf, das Glück läge im Haben, wer die herrliche Freiheit lernt zu teilen, immerfort zu teilen, der erfährt, sagt Jesus, wer ich bin.
Nicht der erfährt mich, der ständig über mich nachdenkt, nicht der, der unaufhörlich über mich diskutiert, nicht der, der ohne Ende fragt, sondern der, der sich auf mein Leben einläßt. Das ist keine Minderung von Philosophie und Theologie. Natürlich müssen wir nachdenken. Aber wir müssen uns vor der schrecklichen Versuchung hüten, das Nachdenken über das Leben sei schon das Leben selber. Wer sich auf mein Leben einläßt, sagt Jesus, der erfährt mich.
Natürlich – wer denn sonst? Ich erfahre ja auch einen Menschen nur, wenn ich mich auf ihn einlasse. Laß dich ein, sagt Jesus, auf mein paradoxes Leben, in dem aus Sterben – Leben wird, aus Hingabe – Reichtum. „Der Liebe aber sind keine Grenzen gesetzt“, schreibt Albert Camus einmal, „wenn meine Arme nur weit genug sind, um alles zu

umfassen." Ich werde alle an mich ziehen, wenn ich am Kreuz erhöht bin, sagt Jesus. Das ist der reine Widerspruch: die Nägel, die ihn an das Kreuz heften – und die Weite der Arme, die alle an sich ziehen. Und das ist sein Zeichen! Für die einen das Zeichen seines völligen Scheiterns. Für die anderen das Zeichen seiner letzten Glaubwürdigkeit. Für die einen ein Zeichen, das nicht zählt. Für die anderen das Zeichen, daß sonst nichts zählt. Auch in uns meldet sich ja alles, was gegen dieses Zeichen, was gegen so ein Leben, was gegen so eine Liebe gedacht werden kann. Unser Verstand warnt uns, daß unser Leben, wenn es sich darauf einläßt, auch unter das Gesetz des Scheiterns gerät.

Und unser Herz weiß, *so* ein Scheitern wäre auch unsere letzte Glaubwürdigkeit. Auch wir ziehen alle an, wenn unsere Arme so weit sind wie am Kreuz.

Wir lernen Jesus kennen, indem wir uns auf ihn einlassen.

Heute ist MISEREOR-Sonntag! Es ist wohl kein Zufall, daß uns das Bild des geschundenen, leidenden Menschen gezeigt wird an dem Sonntag, an dem wir im Evangelium nach Jesus fragen. Indem wir uns auf die Not in der Welt einlassen, lassen wir uns auf Jesus ein.

„Was tun?", fragt Camus einmal, „um ein anderer zu werden? Da müßte man sich selbst für irgend jemand vergessen, wenigstens ein einziges Mal!"

Ja – wenn meine Arme nur weit genug sind...

Was haben wir mit dieser Passion zu tun?

Nach der Freude und Herzlichkeit des Empfanges, den die vielen Jünger dem Herrn in Jerusalem bereiten – der Ernst der Passion. Das ergreifende Bild des leidenden Gottesknechtes bei Jesaja – das nicht weniger ergreifende Christuslied der jungen Gemeinde im Philipperbrief – in allen Gottesdiensten heute die Markuspassion. Wie oft haben wir das alles schon gehört? Sehr oft. Auf unzähligen Bildern haben wir es dargestellt gesehen, in Musik gehört, in Liedern gesungen. Wo sind wir selbst in dieser Passion? Am ehesten finden Menschen sich wieder in dem leidenden Herrn: in dem Jesus vor Gericht alle die, die ohne Schuld verurteilt werden, in dem Gegeißelten die Gefolterten in so vielen Ländern dieser Erde, in dem Jesus auf dem Kreuzweg wir selber mit unseren Belastungen, mit denen wir nicht fertig werden.

Aber kommen wir nur da vor? Nicht auch in denen, die Jesus verurteilen? Nein – da kommen wir nicht vor! Das aber sollten wir nicht so schnell sagen.

Als Jesus beim Abendmahl zu den Jüngern sagt: „Einer von euch wird mich verraten", da fragen sie alle: „Bin ich es, Herr?" Sie schließen das also nicht aus. Das rührt mich sehr. Ob wir da vorkommen, das können wir genauer sehen, wenn wir die verschiedenen Gruppen und Personen näher ansehen und von ihrem Klischee befreien. Wenn wir in ihnen nur boshafte Menschen sehen, nur Menschen mit niedrigen Instinkten und Motiven, dann verstehen wir nicht nur diese Menschen nicht, dann verstehen wir auch nicht die ganze Dimension des Konfliktes, der zu Jesu Tod geführt hat.

Da sind die Pharisäer. Die versteht man überhaupt nicht, wenn man nicht weiß, was für tiefgläubige und ernsthafte Menschen das waren. Das war eine Laienbewegung aus engagierten Leuten, denen es darum ging, daß der Glaube auch gelebt wurde. Diese Bewegung war entstanden in einer Zeit, da die große Überlieferung Auflösungstendenzen zeig-

te. Man nahm es nicht mehr so genau, allzu bereitwillig öffnete man sich neuen, modernen Ideen. Gegen die Korruption des Glaubens protestierten die Pharisäer entschieden. Was den Alten gesagt wurde, das war ihnen heilig. Und wenn einem Menschen gegen die Überlieferung Unrecht geschah, setzten sie sich für ihn ein. Das machte sie volksnah und bei vielen beliebt. Das sind starke Seiten. Aber genau da, wo wir stark sind, sind wir auch schwach:
Wenn aus Ernsthaftigkeit – Enge wird, aus Genauigkeit – Kleinkariertheit, aus Engagement – Fanatismus. Und so versagen diese Menschen, denen Gottes Wille so wichtig war, als ihnen Gottes Wille in Jesus begegnet: „Ihr habt gehört, daß zu den Alten gesagt wurde... ich aber sage euch..." das hat diese Pharisäer zutiefst irritiert: So kann doch nur Einer sprechen! Und daß es der Eine ist, der hier spricht, das sehen sie nicht. So sehr haben sie sich ein Bild gemacht von dem, was Gottes Wille ist, daß sie nicht mehr frei sind, als er ihnen konkret und persönlich begegnet. Tief gläubige, ernsthafte Menschen lehnen aus religiöser Überzeugung den Sohn Gottes ab!
Da sind die Sadduzäer. Die reiche Oberschicht, das wohltemperierte Establishment. Sie stellen den Hohen Rat, die Hohen Priester und Ältesten. Das sind die Politiker in Jerusalem. Sie regieren in Abhängigkeit von einer größeren Macht: Die Römer sind tolerant, was die Religionen angeht, aber sie machen kurzen Prozeß bei Unruhen und Aufständen. Also: Ruhe und Ordnung bewahren. Kein Aufsehen erregen. Wenn die Römer das Vertrauen in ihre Regierung verlieren, dann ist es aus mit dem letzten Rest an Einfluß und Selbständigkeit. Diese Leute waren Pragmatiker mit Augenmaß für das, was geht. Mit großer Erfahrung in den Dingen dieser Welt. Neunzehn Jahre hat Kajaphas sein Amt als Hoherpriester ausgeübt. Ein ungewöhnlich geschickter Mann muß das gewesen sein.
Wieder: Das sind Stärken. Aber wo wir stark sind – da sind wir schwach: Wenn aus dem Sinn für Realitäten die reine Diesseitigkeit wird, aus der erteilten Vollmacht die Arro-

ganz der Macht, aus der Gottesverehrung seelenlose Riten. Diesen vorsichtigen und gewiegten Taktikern begegnet nun dieser Jesus mit seinem ungeheuren Anspruch.
Ob er der Messias ist, will der Hohepriester von ihm wissen. Jesus geht in seiner Antwort noch weit über diese Frage hinaus: Ich werde zur Rechten Gottes sitzen und richten: die absolute Vollmacht also. Radikaler kann er den Hohen Rat nicht zwingen, sich zu entscheiden: entweder seinem Anspruch zu glauben – oder ihn als Gotteslästerer zu vernichten. Wer sich für Gott ausgibt, begeht für sie das ärgste aller Verbrechen. So festgelegt sind sie in ihrem Gottesbild, daß sie nicht auf die Idee kommen, es könnte stimmen, was Jesus von sich sagt. Wieder diese Tragik, daß Menschen sich auf Gott berufen, indem sie sich gegen ihn entscheiden. Es geht hier um Rollen, die immer gespielt werden, um Haltungen, die in unendlichen Variationen wiederkehren. Haben wir uns gar nicht wiedererkannt in den Menschen, die vor dem letzten, entscheidenden Schritt stehenbleiben, sich dem ungeheuren Anspruch Jesu zu öffnen; in diesen Menschen, die religiös und bemüht waren, Angehörige einer alten Religion, engagierte Menschen, die von Gott reden wie von Vertrautem, die aber nichts hören, wenn Gott zu ihnen spricht.
Bin ich es, Herr? Keine Konfession, keine kirchliche Institution schützt uns davor, tief innen unreligiös zu werden, ob wir ein Amt haben oder nicht. Kein Ritus, kein Gottesdienst schützt uns davor, den Glauben zu verlieren.
Herr, du stehst in dieser Woche vor uns in deinem ganzen Elend. Hilf uns, Herr, daß wir nicht eine schöne Ikone daraus machen, die wir mit Riten ehren, aber das Herz ist weit. Berühre unser Herz!

Aus der Trauer auferstehn

Markus beginnt seinen Bericht über die Erscheinungen des Auferstandenen mit der Feststellung: Zuerst erschien Jesus der Maria von Magdala. Noch vor den Aposteln also – dieser Frau. Wer war diese Frau? Sie wird zu Unrecht mit verschiedenen anderen Frauen verwechselt. Was wir wirklich von ihr wissen, ist dies: Sie stammt aus Magdala, einer kleinen Stadt am See Genezareth.
Sie gehörte mit einigen anderen Frauen schon sehr früh zum ständigen Jüngerkreis, der den Herrn in den Jahren seines öffentlichen Wirkens begleitete. Sie wird unter dem Kreuz erwähnt und bei der Beerdigung. Sie gehörte also zum engeren Kreis der Jünger.
Jesus habe sieben Geister aus ihr ausgetrieben – erfahren wir bei Markus. Was immer das bedeutet – wir haben uns bei der von sieben Geistern geplagten Frau einen schwer leidenden Menschen vorzustellen, der selber nicht in der Lage war, sich von seinen seelischen Zwängen zu befreien. Jesus hat sie davon befreit. Auf die Frage, was sie Jesus verdankt, kann sie nur sagen: alles. Er hat ihr das Leben noch einmal geschenkt. Wie von Fesseln hat er sie befreit. Auch den anderen Jüngern hat Jesus alles bedeutet. Aber bei Maria von Magdala war es eben noch etwas anderes. Er hatte ihre Seele erst frei machen müssen, damit seine Botschaft sie überhaupt erreichte. Ist es da zu verwundern, daß sie mit besonderer Dankbarkeit an ihm hing? Daß sie gar nicht anders konnte, als in der Nähe seines Kreuzes zu stehen – auch wenn ihre Dankbarkeit und Zuneigung sich da verwandelte in einen einzigen Schmerz? Daß sie mithalf, den toten Jesus zu begraben – auch wenn sie alle ihre Hoffnung und ihre Freude am Leben da mitbegraben hat.
Und dann die Nacht, die dem folgt! Nacht der Verlassenheit und der Dunkelheit des Herzens. Nacht, die einer erlebt, dem der Mensch genommen ist, der ihm soviel bedeutet hat. Wieviele Frauen haben solche Nächte durchlitten, wieviele Männer auch, wieviele Väter und Mütter und wieviele Kinder.

Einsam sind solche Nächte, wieviel gute Menschen auch da sein mögen, wieviel gutgemeinter Trost auch bereitgehalten wird. Der reicht aber nicht heran an diese Traurigkeit.
Als es noch dunkel ist, so beginnt Johannes diese Auferstehungserzählung, ging Maria von Magdala zum Grab.
Sie hält es nicht aus in ihrer dunklen Einsamkeit.
Sie weiß, daß das Grab sie nicht trösten wird. Aber wenn sie ihn schon nicht mehr finden kann, so sucht sie wenigstens sein Grab. Das ist die Maria von Magdala, die wir am Beginn des Evangeliums antreffen.
Das leere Grab bringt sie nicht auf den Gedanken, Jesus könnte auferstanden sein. Sie denkt, die Friedhofsarbeiter hätten Jesus umgebettet. Nun will sie wissen, wo das neue, endgültige Grab ist. Sie läuft zu den Jüngern, kommt mit ihnen zurück. Aber auch die sind ratlos, können mit dem leeren Grab nichts anfangen und gehen wieder nach Hause. Maria von Magdala geht nicht wieder nach Hause. Sie bleibt am Grab stehn und weint. Sie weiß nicht mehr – wohin.
Frau, warum weinst du? Es ist eigenartig, daß sie Jesus nicht erkennt, als sie sich umdreht und ihn da stehen sieht. Ist ihre Seele so weit weg bei dem Toten, daß sie nicht mehr wahrnimmt, was um sie her geschieht? Oder ist der Auferstandene so anders, so fremd, daß sie ihn von sich aus nicht erkennen kann? Was nun folgt – ist ein Gespräch aus zwei Worten, wie nur die Bibel das erzählen kann. Ein Gespräch, das in zwei Worten alles sagt. Jesus spricht nur ihren Namen aus: Maria. Nun sieht Maria von Magdala die Wirklichkeit hinter der Wirklichkeit: Der sie so anspricht, der mit ihrem Namen ihre ganze Existenz aufruft – das ist der Herr, ihr Herr, der ihre Seele befreit hat. Er ruft sie mit ihrem Namen. Nein – das bildet sie sich nicht ein. Das ist so wirklich, wie ihre bodenlose Trauer wirklich war. Der Tote lebt. Und der Tote reißt aus ihrer Trauer wieder alles ans Leben: Das alles liegt in dem einen Wort – Maria.
Maria von Magdala antwortet auf dieses eine Wort mit ebenfalls einem Wort: „Rabbuni". Das ist eine Anrede der

Ehrfurcht, wie sie in jüdischen Gebeten an Gott gebraucht wird, eigentlich zu blaß übersetzt mit dem deutschen Wort „Meister", besser „mein hoher und erhabener Herr". Maria von Magdala begreift in diesem Augenblick: Sie empfängt Jesus nicht zurück, wie er früher bei ihnen war.
Sie empfängt viel mehr: Sie empfängt den Christus ihres Glaubens. „Mein hoher und erhabener Herr" – da spricht der glaubende Mensch, der in Jesus das Göttliche erfährt: „mein hoher und erhabener Herr." Und dann bekommt sie einen Auftrag: „Geh zu meinen Brüdern. Sage ihnen: Ich gehe zu meinem Vater und zu eurem Vater."
Noch einmal, und nun für immer, hat er sie freigemacht.
Noch einmal, und nun für immer, macht Jesus sie zu seiner Jüngerin. Und Maria von Magdala ging und kündete den Jüngern: „Ich habe den Herrn gesehen." Wieviel ist in diesen wenigen Zeilen auch von uns die Rede gewesen: vom Leid und Glück des Glaubens; vom Leid und Glück des Liebens; von der Einsamkeit und der Trauer; von der Zärtlichkeit, mit der Gott uns annimmt, ehe er auch uns umwendet: „Du hast den Herrn erfahren, nun kannst du aus der Trauer auferstehn. Halte mich nicht fest – aber geh zu meinen Brüdern."

Friede sei mit euch

Der Gruß und der Wunsch des auferstandenen Herrn an die Jünger heißt immer wieder: Friede mit euch.
Gewiß – die Juden begrüßten sich mit dem Wort: Frieden. Aber bei Jesus ist das mehr als ein allgemeiner Begrüßungswunsch. In der Abschiedsstunde sagt er: „Ich hinterlasse euch meinen Frieden, ich gebe euch meinen Frieden.“ Damit das nicht verwechselt wird, grenzt Jesus das gleich ab: „Das ist nicht der Friede, wie die Welt ihn gibt.“
Was ist das denn für ein Friede – *sein* Friede? Jesus möchte ja, daß das auch unser Friede wird. Und nach Frieden verlangen wir alle sehr. Der Friede Jesu ist erstens – nicht die Abwesenheit von Konflikten. Es ist ja so menschlich, daß wir nichts sehnlicher wünschen, als daß in uns und um uns alles stimmt, daß eine Ruhe ist, daß wir mit bescheidener Freude die Furcht der Bemühungen ernten – und sehen, wie alles sich harmonisch entwickelt.
Aber kaum setzen wir dazu an und denken, jetzt hat sich doch alles gefügt bei mir – wie schön –, dann schlägt es wieder ein. Und wir stöhnen auf mit Ärger oder Verzweiflung: Hört das denn nie auf? Nein – nie! Im Himmel hört das auf. Hier nicht. *Den* Frieden gibt es nicht auf Erden – da hat die große Therese wohl recht. Das ist auch nicht Jesu Frieden. Lesen Sie die Evangelien von vorn bis hinten, ob Sie da ein konfliktfreies Leben finden. Bei Jesus nicht. Genau wie wir, sagt er manchmal, wie sehr er sich auf etwas gefreut hat, und dann sehen Sie, wie es zugeht.
Manche Konflikte bereiten wir uns selber – manche Konflikte bereiten uns andere, oft ohne jede Schuld. Aber es gibt Dinge, die bereitet uns niemand, aber sie belasten uns. Der Friede Jesu ist zweitens nicht die Abwesenheit von Leiden: Krankheiten, Gebrechlichkeiten, Verzichte, Erschöpfungen des Leibes und der Seele, das Nachlassen der gewohnten Kraft, daß der Tod auch mich erreicht. Was manchen Menschen an Leiden zugemutet wird, das kann einen stumm machen. Und die dunklen Leiden der Seele, die so

lähmen, daß man des Lebens nicht mehr froh sein kann; die einem alle Kraft wegnehmen, daß man nicht mehr fertig wird, sich nicht mehr wiederfindet. Wie soll da Friede sein – wo einer leidet. Und wer leidet nicht! Jesu Leben war auch Jesu Leiden. Er ist daran gestorben. Wir möchten Frieden ohne Leiden. Den Frieden gibt es nicht in diesem Leben.

Es würde viel zur Stabilität unserer Gemüter beitragen, wenn wir uns das einmal in Ruhe klarmachen würden: Leiden und Konflikte gehören zu unserem Leben wie die Nacht zum Tag. Ein Friede, in dem wir mit Leiden und Konflikten nichts mehr zu tun haben, ist unrealistisch, und der Friede Jesu ist das nicht.

Aber worin besteht Jesu Frieden? Jesus hatte seinen Frieden ja nicht erst nach der Auferstehung, sondern während seiner Leiden, während die Konflikte auftraten.

Da war etwas, das war tiefer als alles, was weh tat; tiefer als die Enttäuschungen und Einsamkeiten. Das ist seine Verbundenheit mit dem Vater. Ich meine nicht die Verbundenheit des ewigen Sohnes, der er ja auch war, mit dem Vater. Ich meine die Verbundenheit des Menschen Jesus, der er ja auch war. Als dieser Mensch hatte er Empfindungen und Bedürfnisse, Lernprozesse und Erfahrungen. Als dieser Mensch war er religiös. (Karl Rahner hat diese schwierigen, für unser Glaubensverständnis aber so wichtigen Zusammenhänge sehr gut dargelegt in seiner 1982 bei Herder erschienenen Schrift: „Was heißt Jesus lieben?“)

Und bei diesem Menschen Jesus von Nazaret finde ich eine Verbundenheit mit dem Vater, die für ihn eine Heimat ist, die ihm nichts und niemand nehmen kann. Und als er in den schrecklichen Stunden am Kreuz glaubt, daß jetzt der Vater selber ihm dieses Stück Heimat genommen hat: „Mein Gott, mein Gott, warum hast du mich verlassen?“ – da hält er sich doch mit seiner ganzen Seele daran fest: „Vater, in deine Hände lege ich meinen Geist.“ In diesen Stunden am Kreuz hatte Jesus keine Antwort mehr auf die schrecklichen Unsinnigkeiten des Lebens – und wie sich die vereinbaren lassen mit dem guten Gott. Aber er vertraut die schrecklichen Ungereimtheiten diesem guten Gott an: in deine Hände. Das ist der Friede Christi. Und von dem sagt Paulus, daß er alles vernünftige Begreifen übersteigt. – Allerdings tut er das!

Wenn Jesus vom Vater spricht, dann spüren die Menschen, die ihm zuhören, daß die Unsinnigkeiten des Lebens, die Konflikte und die Leiden nicht alles, daß sie nicht das Letzte sind. „Ich gebe euch meinen Frieden." Damit meint er auch uns. Uns, denen Leiden und Konflikte bereitet sind – mehr als uns lieb ist. Wir wollen Frieden. Wollen wir seinen Frieden? Wie verbunden sind wir mit Jesus? Wie tief geht das? Denn so tief, wie das geht, so tief geht auch der Frieden.

Welche wirkliche Rolle spielt Jesus in unserem Leben? Aus was schöpfen wir, wenn die spontanen Mittel unserer Alltagsreaktionen verbraucht sind; und wenn die eisernen Rationen unserer Erfahrungen alle sind?

Was meldet sich in uns, wenn wir denken, urteilen, empfinden, reagieren? Woher nehmen wir die Kraft zu lieben, besonders nach Enttäuschungen? Was befindet sich in der Mitte unserer Existenz? Wir selber? Immer noch wir selber? Trotz der Erfahrungen, die wir mit uns als Mitte gemacht haben?

Was befindet sich in der Mitte unserer Existenz? Ein anderer Mensch? Trotz der Erfahrungen, die wir mit der Unmöglichkeit gemacht haben, daß ein anderer nie die Mitte unseres eigenen Lebens sein kann? Eine Idee? Aber wer kann von Ideen leben, wenn er leidet?

Was befindet sich in der Mitte unserer Existenz? Jesus?

Was bedeutet uns Jesu Auferstehung?

Es gibt einen einzigen Zugang zum Geheimnis der Auferstehung: Das ist der Tod. Es gibt keinen anderen.
Wir werden geboren – um zu sterben. Das war die deprimierende Lebenserfahrung des antiken Menschen von einer Generation zur anderen. Auch wir können uns nicht gegen die Einsicht wehren, daß sich unser Leben unaufhaltsam auf diesen Punkt zubewegt. Nicht daß wir ständig daran denken. Aber wir brauchen nur in Ruhe darüber nachzudenken, dann wissen wir, daß es so ist.
Aber damit gibt sich der Mensch nicht zufrieden. Er fragt über den Punkt hinaus.
Das Sterben kann der Mensch erfahren. Bei anderen erfahren wir das. Einmal werden wir es bei uns erfahren. Werden wir auch den Tod erfahren? Sind wir noch da, wenn das Sterben vorbei ist? Sind wir noch da, wenn die, die dann unser Sterben begleitet haben, von uns sagen, wir seien jetzt von ihnen gegangen – also nicht mehr da. Sind wir noch da, wenn unser organisches Leben aufhört? Das sind Fragen, die beantwortet uns kein Mensch. Wir wollen aber eine Antwort.
Jeder Versuch einer Antwort auf diese Frage ist eine Antwort des Glaubens. Auch die Antwort, die sagt, es sei dann alles aus.
Wer das sagt, muß das glauben. Beweisen kann das niemand – am wenigsten er selbst.
Was antwortet unser Glaube auf diese Frage?
Unser Erdenleben spielt sich ab in Raum und Zeit. Im Tod verlassen wir Zeit und Raum. Was hinter dem Tod ist, kann durch Wahrnehmungen von Zeit und Raum nicht mehr gefaßt werden.
Für die, die gestorben sind, gibt es kein Zurück in die bisherigen, gewohnten Lebenskategorien.
Genau so wenig wie ein Mensch in den Mutterschoß zurückkehren kann, nachdem er einmal geboren ist. Wer geboren ist, hat eine andere Art zu leben – als im Mutterschoß.

Schon bei der Geburt gibt es kein Zurück mehr. Unser Glaube sagt: Wir verlassen im Tod die vertraute Lebensweise von Raum und Zeit – aber wir verlassen im Tod nicht die Wirklichkeit. Aber – wie sollen wir uns denn so ein Leben nach dem Tod vorstellen? Das können wir uns nicht vorstellen. Aber wir können uns vieles nicht vorstellen, wovon wir dennoch durchaus leben. Wenn ein Kind vor seiner Geburt schon ein Bewußtsein hätte, wie wir es haben – und es erführe, daß seine Geburt jetzt bevorstünde – dieses Kind würde sich vor seiner eigenen Geburt schrecklich ängstigen. Es wäre überzeugt davon: Das überlebe ich nicht. Es würde seine bisherige Erfahrung zu Rate ziehen und denken: mit der Geburt ist alles aus. Es fehlt ihm doch außerhalb dieses schützenden, nährenden Leibes alles. Wie soll es denn existieren können außerhalb? Wir verstehen diese kindliche Angst – und lächeln gleichzeitig darüber. Wir wissen es in dem Punkt besser. Wir wissen: So – wie wir im Mutterleib gelebt haben – so leben wir nach der Geburt nicht weiter. Diese Lebensweise hört auf – für immer. Wir verlassen den Mutterleib – aber wir verlassen nicht die Wirklichkeit.

Unsere Existenz im Mutterleib hat sich konsequent auf den Punkt der Geburt zubewegt – und genau so, sagt unser Glaube, bewegt unser Leben sich auf den Punkt des Todes zu: auf diese letzte Geburt. Aber noch einmal: nicht um aufzuhören mit dem Leben – sondern mit dieser Art zu leben. Wir verlassen das Leben in Raum und Zeit – aber wir verlassen nicht die Wirklichkeit.

Grund zu diesem Glauben ist die Auferstehung Jesu. Auch Jesu Auferstehung hat sich nicht abgespielt in Raum und Zeit.

Da waren keine Augenzeugen. Nicht weil zufällig keine da waren – oder weil sie geschlafen haben, nein – weil keine dabei sein konnten. Jesu Auferstehung war keine Rückkehr in die bisherige Lebensform. Das war etwas ganz anderes, etwas viel Großartigeres. Daß Jesus gestorben war, das konnten die Augenzeugen genau beschreiben. Daß Jesus in seine Auferstehung hineingestorben ist, das konnten sie

nicht beschreiben, weil sich das abspielte jenseits von dem, was man aussagen kann.
Die Jünger sagen uns: „Der tote Jesus lebt, er hat sich uns zu sehen gegeben. Nicht, daß er in sein früheres Leben zurückgekommen ist, aber er lebt, er ist so wirklich wie wir. Das waren keine Wünsche und geheimen Sehnsüchte. Wir haben uns das nicht eingebildet. Wir hatten doch überhaupt nicht damit gerechnet. Wir haben es ja auch anfangs nicht glauben wollen. Er hatte Mühe mit uns, bis wir uns nicht mehr dagegen wehrten, daß Er es ist, daß der Tote lebt. Das lassen wir uns nicht ausreden, weder durch Drohung noch durch Gewalt. Würden wir etwas anderes sagen, wären wir Lügner."
Unser Glaube besteht darin, daß wir diesen Zeugen glauben.
Was bedeutet uns Jesu Auferstehung?
Alles!
Was wir nämlich von Jesus glauben, daß er in seine Auferstehung hineinstarb, das glauben wir auch von uns. Auch wir werden, wenn uns „am allerbängsten wird um das Herze sein", hineinsterben in unsere endgültige Erlösung. Weil Jesus auferstanden ist, sterben auch wir in unsere Auferstehung hinein.
Diesen Mut zu glauben, sollten wir aufbringen. Wir werden geboren, um zu sterben – das ist wahr. Aber wir sterben, um zu leben – das ist auch wahr.

Der Hirtenmantel Gottes

Ich habe gelesen, daß sich zunehmend überdrüssige Städter um die seltenen Ausbildungsplätze für Schäfer bewerben. Wenn sie aber die Knochenarbeit der Hirten sehen, sind die meisten bald bedient. Schäfer – das bedeutet einen fünfzehnstündigen Arbeitstag, Siebentagewoche, 1700 DM brutto, aber auch Einsamkeit und Stehvermögen.
Heute konfrontiert uns das Evangelium wieder mit dem Bild: „Ich bin der gute Hirt."
Wir leben nicht mehr in den alten Zeiten, wo die Hirten zum gewohnten Bild gehörten. Aber was mit dem Bild gemeint war, ist leicht zu übertragen. Der Hirt ist einer, dem sind nicht Sachen anvertraut, sondern Lebendiges. Lebendiges, das will gedeihen, und dafür muß er sorgen. Lebendiges, das hat Bedürfnisse, und dafür ist er verantwortlich. Lebendiges, das soll sich zu seinem eigenen Sinn entfalten, das muß er respektieren.
Nun – wenn das Hirtenaufgabe ist, dann wimmelt es von Hirten. Auch Menschen sind ja Menschen anvertraut. Menschen haben Sorge für andere und sind verantwortlich für deren Bedürfnisse. Nicht für alles und für immer – aber in bestimmtem Umfang und für eine gewisse Zeit. Wirklich – dann wimmelt es von Hirten: in Politik, Wirtschaft und Medien, vom Kindergarten bis zum Altenheim, von der Schule bis zum Krankenhaus, in Familien und Gruppen. Und überall da, wo Menschen in der Hirtenrolle tätig sind, gibt es die zwei Möglichkeiten, von denen Jesus spricht: der gute Hirt und der schlechte Knecht.
Wie kann man sie unterscheiden? Zunächst gar nicht. Sie üben beide die gleiche Tätigkeit aus. Aber ihre Ziele sind so verschieden wie ihre Motive.
Der gute Hirt interessiert sich für das, was für die gut ist, die ihm anvertraut sind. Der schlechte Hirt verfolgt seine eigenen Interessen. Der gute führt die Schafe auf die Weiden, der schlechte führt seine Schäfchen ins Trockene.
Dem einen liegt an den Tieren, dem anderen an der Wolle.

Der eine sorgt, daß sie es gut haben, der andere sorgt, daß sie möglichst viel bringen.
Der eine lebt für die Tiere, der andere lebt von den Tieren. Das geht lange nebeneinander her – aber wenn es ernst wird, wenn der Wolf kommt, müssen sie Farbe bekennen. Dann ist der eine weg – und der andere bleibt.
Dem an den Schafen nichts gelegen hatte, denkt nicht daran, sich selbst zu benachteiligen. Er vergißt und wendet sich neuen, für ihn lohnenden Zielen zu. Und das alleingelassene Schaf merkt: „Der meinte gar nicht mich – der wollte nur etwas von mir."
Wie leicht ist das alles übertragbar auf die Welt der Menschen. Wir wissen nur zu gut, wie und wo das alles vorkommt unter uns. Und das flaue Gefühl kennen wir ja – aus dem öffentlichen wie aus dem privaten Leben, wenn uns auf einmal von einem Menschen dämmert: Der meint gar nicht mich – der will nur etwas von mir. Wieviele Entmündigungen unter Menschen haben sich schon den Hirtenmantel umgehängt. Selten sind unter uns Menschen, die nur gute Hirten sind, die völlig absehn können von sich selber. Selten sind die bezahlten Knechte, denen nur an sich liegt. Aber Durchwachsenes in allen Variationen. Durchwachsen auch: wir selber.
Das weiß Jesus. Aber er möchte uns Mut machen. Er möchte uns anstecken, gegen die Tarife zu leben. Uns zu orientieren nicht an dem, was der andere bringt, sondern an dem, was der andere braucht. Nicht auf Kosten anderer zu leben. Unser Leben zu teilen. Uns zu orientieren an dem, was Erich Fromm die Grundelemente der Liebe nennt und womit dieser moderne Wissenschaftler so sehr bestätigt, was Jesus gemeint hat, nämlich die Grundelemente: *Fürsorge* für das Leben und Wachsen dessen, was uns anvertraut wird. Das ist alles andere als Bevormundung – aber jene helfende Geduld, die dem anderen so unerläßlich ist. Neben Fürsorge: *Verantwortlichkeit* aber nicht als Pflichtübung, sondern als meine Antwort auf die wirklichen Bedürfnisse des anderen. Neben Fürsorge und Verantwortlichkeit: *Re-*

spekt, als die Fähigkeit, den anderen sich entwickeln zu lassen zu seinem eigenen Sinn. Und schließlich *Wissen* vom anderen, aber nicht als Macht, um ihn zu beherrschen, sondern als Ehrfurcht. Es ist eigentlich schön, daß sich die, die in der Kirche ein Amt haben, vom Bild des guten Hirten immer angesprochen gefühlt haben. Pastor, zum Beispiel, heißt ja auf deutsch: Hirt.

Jeder, der diese eigenartige Amtsbezeichnung trägt, wird sich, wenn er selbstkritisch ist, natürlich seiner Unzulänglichkeit bewußt sein. Nicht nur, weil auch er durchwachsen ist von Egoismus und Hingabe, sondern weil der Mantel auch ohne sein Versagen zu kurz ist, weil die Bedürfnisse zu groß sind und immer größer werden.

Hier liegt aber auch ein gewaltiges Mißverständnis.

Die Übertragung des Hirtenbildes nur auf die Amtsträger der Kirche ist eine ganz unnötige Verengung. Da sind alle gemeint.

Wovon die Menschen leben, das brauchen sie von vielen, von viel mehr als sie es bekommen.

Daß der Hirtenmantel Gottes in der Welt weiter wird, das ist uns Christen aufgegeben wie kaum etwas.

Daß der Hirtenmantel Gottes in der Welt weiter wird, das spürt ein Mensch jedesmal dann, wenn er von uns den Eindruck hat: Der will gar nichts von mir – der meint mich.

Vor Damaskus

Vor einiger Zeit sah ich Becketts Stück „Warten auf Godot“, jenes eindringliche Gleichnis der beiden, die auf einer Straße auf Godot warten.
Nichts ist für sie so wichtig wie dieser Godot. Aber sie wissen nicht, wann er kommt und ob er kommt, wer er ist und was er will. Die beiden haben viele Brüder. So viele warten auf den Godot ihres Lebens. Das kann ein Mensch sein. Das kann Gott sein. In einem Augenblick tiefer Verzweiflung schreit der eine der beiden auf der Bühne: „Gott, siehst du mich?“
An dieses Theatererlebnis mußte ich denken, als ich über Saulus vor Damaskus nachdachte.
Auch Saulus war ja lange ein Wartender gewesen, wie alle frommen Juden. Ihr Godot war der Messias. Wenn der kommt, wird er alle Rätsel lösen, er wird den kleinen tapferen Stamm der Juden vor aller Welt bestätigen.
Er wird eine Herrschaft beginnen, der zu dienen, Freude und Erfüllung ist. Auch Saulus wartete auf seinen Godot. Er hatte eine ganz genaue Vorstellung davon, wer das ist und wie er ist und was er will. So festgelegt war sein Bild von Gott, daß er ihn zunächst nicht erkannte, als er tatsächlich kam.
Zutiefst war Saulus davon überzeugt, daß Gott in Jesus nicht war. Jesus und seine Jünger waren für Saulus eine Peinlichkeit, die nicht hätte passieren dürfen. Nachdem sie nun passiert ist, muß man alles tun, um sie möglichst ungeschehen zu machen. Und das tut er mit Eifer – und nicht nur mit Worten. Es fließt Blut. Für sein festgelegtes Gottesbild zieht er in einen ganz privaten, heiligen Krieg. Nach Damaskus, die Haftbefehle gegen die Christen in der Tasche. Und da, vor Damaskus, geschieht es.
Nun kommt dieser Gott, den er so sehnsüchtig erwartet hatte – und den er – so verblendet – nicht erkannt hat, in sein Leben: „Saulus, Saulus, warum verfolgst du mich?“ „Wer bist du, Herr?“ „Ich bin Christus, den du in diesen

Menschen verfolgst." Das wirft ihn um. Das wirft ihn ganz buchstäblich um. Gott selber hat das Gottesbild dieses Menschen zertrümmert. Der eben noch so klar die Dinge sah, sieht drei Tage überhaupt nichts mehr. Der eben noch so sicher war, er muß geführt werden, so unsicher ist er geworden. Aber das ist erst der Anfang der Überraschungen.
Dieser Gott, der ihn so drastisch daran hindert, hinter den Christen her zu sein, dieser Gott – das erfährt er nun – ist längst hinter ihm her. Wie 300 Jahre später der große Augustinus, erkennt Paulus: „Wo immer ich war, von fern, Herr, umkreiste mich dein Erbarmen. Es ist nicht so leicht, vor dir zu fliehen. So wie du verfolgst, kann nur Gott verfolgen."
Ja, sagt Gott, schon lange bin ich hinter dir her. Schon längst hast du das Fragen gelernt. Aber du weißt noch nicht, was es heißt, selbst der Gefragte zu sein. Was für ein Weg: nach Gott fragen – und endlich begreifen, daß man selbst der Gefragte ist.
Ein Menschenweg!
Der von Gott Gefragte ist schließlich selbst zur Antwort geworden. Paulus hat diese Antwort, zu der er selber geworden ist, in vielen Bildern und Vergleichen formuliert. Was mich davon besonders fasziniert, ist der unvergleichliche Satz aus dem 9. Kapitel des ersten Korintherbriefes: „Ich bin allen – alles geworden." Ein großartiger Satz: Allen – alles werden. Das ist aber auch ein mißverständlicher Satz. Das kann leicht verwechselt werden mit einer kalkulierten Raffinesse, die nur so tut, als sei sie so wie alle. Und das kann verwechselt werden mit einer Verkündigung zu herabgesetzten Preisen. Mit einer gefälligen Auswahl, die keinem weh tut, die Abstriche macht: Man muß ja zufrieden sein, wenn die Leute überhaupt kommen, nur keine Härten zeigen, alles schön unverbindlich: Ist die Botschaft zu stark, muß man sie verdünnen, bis sie allen schmeckt. Das gibt es ja. Aber zu denen gehört Paulus nun wirklich nicht. Er verkündet die ganze, reine Botschaft. Aber – er verkündet sie so, wie es dieser Botschaft einzig angemessen ist: indem er allen – alles wird. Er schließt keinen aus – aber er geht auf

alle ein. Er zwingt nicht seine Art den anderen auf, als gäbe es nur eine Möglichkeit, ein Christ zu sein. Nein: wenn Christus nur gepredigt wird.

In der – für mich immer wieder beglückenden und helfenden – Übertragung des Neuen Testamentes von Jörg Zink heißt die Erläuterung des heiligen Paulus so: „Ich habe mich in die Gedanken der Juden zurückversetzt, um ihnen möglichst nahe zu sein, um sie für Christus zu gewinnen. Ich habe mich als weltlicher Mensch unter die Weltlichen begeben, um sie zu gewinnen. Ich habe mich unter die ängstlich Frommen begeben, um die Engen für die Weite und die Ängstlichen für die Freiheit zu gewinnen. So bin ich allen – alles geworden“ (1 Kor. 9, 20 f.). Möchte uns das doch anstecken!

Möchte uns das doch Mut machen!

Möchte das doch auch für uns so sein und für die, mit denen wir zu tun haben: daß wir allen – alles werden. Daß wir fröhlich sind mit den Fröhlichen – und traurig mit den Traurigen, und schwach mit den Schwachen.

Daß wir so unbefangen an die Menschen herangehen, so frei von uns selber, so frei von der Ängstlichkeit, nur so – wie wir sind – sei es richtig, so frei von dem lächerlichen Krampf, selber das Maß für andere zu sein, vielmehr verständnisvoll und weit.

Allen – alles werden, das ist ja nicht nur eine bestimmte Art, die Botschaft Jesu zu verkünden – das ist ja die Botschaft selber.

So lieben – wie er uns liebt

Wenn wir den Satz nicht schon so oft gehört hätten, könnten wir uns vielleicht noch darüber wundern: „Ein neues Gebot gebe ich euch, liebt einander, wie ich euch geliebt habe." Herrlich, eine Religion, die mit einem einzigen Gebot auskommt.

Eins, nicht über sechshundert, wie bei den Juden.

Ein Gebot, das ist einfach, weit und wesentlich.

Ein *neues* Gebot, aber nicht zu den anderen noch ein Neues hinzu, sondern so neu, wie bisher keines war.

Das Lieben ist nicht neu, aber Lieben – wie er geliebt hat! Das allerdings nennt er ein Gebot, nicht einen Tip, einen Rat, eine Anregung – das ist das Erkennungszeichen derer, die zu ihm gehören.

Nur das, ob einer liebt, wie er geliebt hat. Da müßten wir eigentlich Beifall klatschen vor Freude. Da müßten wir eigentlich erleichtert sein und befreit: nichts anderes als Lieben – und das als Gebot. Es ist keine Frage: Jesus trifft hier die Mitte des Menschen, seine tiefe, aber oft uneingestandene Sehnsucht. Wenn man dem, was Menschen sagen und denken, auf den Grund geht, dann gibt es kein größeres Glück, als geliebt zu werden, und dann gibt es kein größeres Verlangen – als lieben zu können. Es gibt aber auch nichts, was so sehr eine Quelle der Enttäuschung, der Tränen, der Einsamkeit ist, wie das Lieben, wenn es mißlingt. Und das mißlingt, wir wissen es gut, so selten nicht. Nichts ist ja auch so mißverständlich und so vieldeutig. Aber es muß etwas geben, was aller Liebe zu Grunde liegt.

Und das muß etwas Einfaches sein. Alle müssen es vermögen. Ihm sind ja nicht nur die Zehntausend lieb, die großen Überwinder. Ihm sind sie alle lieb. Es kann nicht eine Frage der Intelligenz sein, der Willenskraft, der Herkunft, der materiellen Möglichkeiten. Alle müssen es vermögen, sonst wäre er der Heiland der Wenigen – und das wäre gar kein Heiland. Wenn es nicht allen möglich ist, hätte Jesus uns mit dem Wichtigsten überfordert, dann wäre sein einziges

Gebot gar kein Geschenk, sondern eine nutzlose Quälerei, vor der man nach unsinnigen Anstrengungen endlich abläßt. Und es muß etwas sein, was allen Formen der Liebe gemeinsam ist.

Wodurch ein Mann – ein liebender Mann, eine Mutter – eine liebende Mutter, ein Kind – ein liebendes Kind, eine Ordensfrau – eine liebende Ordensfrau wird.

Jesus hat uns das gezeigt, was das ist, dieses Einfache und allen Gemeinsame, das Neue, das orientiert ist an ihm.

Was ist das? Wie liebt Jesus? Das zeigt Jesus uns in jeder heiligen Messe an bedeutsamer Stelle in einem ganz einfachen Zeichen: wenn wir unsere leere Hand ausstrecken, und er uns sagt: nimm und iß, das ist mein Leib.

Bei einem Franzosen habe ich einmal den Satz gelesen: „Ich kann mich nicht genug darüber wundern, daß Gott ausgerechnet das Brot ausgesucht hat, um seine Liebe den Menschen mitzuteilen. Das Brot, die Speise der Armen und die liebste Nahrung der Kinder."

Mit diesem Satz hat André Frossart viel vom Geheimnis der Liebe und des Brotes gedeutet: Brot – um der Welt die Liebe mitzuteilen. Alle Liebe will sich mitteilen. Das prägt wie ein Wasserzeichen unser Menschenleben. Nichts ist so vielgestaltig wie die Liebe – und um sich mitzuteilen, findet die Liebe viele Wege. Und Gott findet noch einen Weg: ich will Brot sein für dich. Brot zum Essen, Brot, um davon zu leben. Das Brot mit seinen vielen Verwandlungen: das Korn, das stirbt und dadurch Frucht bringt, die Körner, die gemäht und gemahlen werden – also wieder sterben – das Mehl, das gebacken wird, damit es Brot wird, welches auf unseren Tisch kommt: Speise der Armen und liebste Nahrung der Kinder. Und schließlich das Brot, das auf den Tisch der Gemeinde kommt nach diesen vielen Verwandlungen. Brot, von dem der Herr dann sagt: Das Brot bin ich, nehmt und eßt.

Es kommt zwar vor, daß ein Mensch in seiner großen Verliebtheit zu einem anderen Menschen sagt: Ich möchte dich vor lauter Liebe aufessen. Aber – sich essen lassen! Das sagt kein Mensch.

Aber du, Herr, sagst das. Und du sagst das zu mir. Das beschämt mich, Herr, denn du weißt doch, wie ich bin, wie gleichgültig ich sein kann, wie oberflächlich und gedankenlos und wie ich alles auf mich beziehe und wie ich von mir selbst nicht loskomme. Du sagst es trotzdem. Du hast das Brot für den Weg zu mir gewählt, und du willst, daß ich es esse. Obwohl ich diese Liebe nicht verdiene. Herr, du willst mir das Brot nicht geben als eine Belohnung, wenn du mit mir besonders zufrieden bist, sondern als eine Kraft, die ich brauche, wie jener Prophet auf seinem langen Marsch durch die Wüste, als er nicht mehr wollte und nicht mehr konnte: schau neben dich, steh auf und iß, du hast noch einen weiten Weg zu gehen. Komm, sagst du zu mir, und iß, du hast noch einen weiten Weg. Ich bin das Brot für die Welt.

Nein – Gott schenkt das Brot nicht den Wenigen auf dem Berg Tabor, sondern den Tausenden in der Wüste. Und denen nicht deshalb, weil ihre Leistung das verdient, sondern weil sie wie Schafe ohne Hirten sind, weil er sich erbarmt.

Herr, du hast eine unendliche Geduld mit mir. Aber du gibst nicht auf, daß ich mich doch noch anstecken lasse, daß ich Brot sein will für die Welt.

Ja – das Brot, das ich empfange, will mich selbst zu Brot machen. Es ist wohl wahr, von sich aus kommen Menschen nicht auf den Gedanken, Brot zu sein für andere. Aber seit 2000 Jahren haben Menschen sich immer wieder anstecken lassen von dieser Hingabe. Und wir?

Bei all unserer Kleinheit, bei all unserer Enge, bei allem Versagen, das uns unterläuft, lassen wir uns nicht auch immer wieder anstecken davon?

Brot werden für andere.

Für die Menschen, die meinen Alltag teilen.

Das macht die Hingabe nicht leichter – aber konkreter.

Und für so manchen anderen, der nach dem Brot meiner Liebe verlangt.

Brot und Liebe.

So lieben – wie er uns liebt.

Annehmen und weitergeben

Das war in einem Gespräch mit jungen Leuten: Wir sprachen über die Zeit, in der wir leben – und ob das wohl eine besondere Zeit ist. Die meisten meinten, wir lebten in einer ungewöhnlichen Zeit. Wohl geschieht in jeder Zeit etwas Neues, in jeder Zeit stoßen Gegensätze aufeinander – aber wann gab es so viel Neues und Gegensätzliches zugleich! Wir sind so mittendrin in diesen Entwicklungen, daß wir sie kaum noch merken.
Wir haben uns daran gewöhnt, daß wir täglich durch die Medien Augenzeugen der ganzen Welt geworden sind. Ferne Länder sind nicht mehr Gegenstand von Abenteuergeschichten, sondern von Reiseprospekten. Was Jules Verne unseren Vätern vorgeträumt hat, damit werden unsere Kinder groß. Der Mond ist aus der Zuständigkeit der Romantiker in die Zuständigkeit der Techniker übergegangen. Atome sind das Kleinste nicht mehr – und wenn man sie spaltet, bringt das Allerkleinste die allergrößte Wirkung hervor. Auch dies ist ein Zeichen dieser Zeit; daß sie so widersprüchlich ist. Noch nie waren so viele Menschen über so viele Dinge informiert, aber wann gab es auch so viel Oberflächlichkeit und Teilnahmslosigkeit? Noch nie wurde so viel, so präzise, so erfolgreich etwas geleistet, aber wann gab es auch so viel Frustration? Noch nie gab es für so viele so viel freie Zeit – aber wann gab es auch so viel Langeweile?
Noch nie war der Überfluß an Genußmitteln so groß – aber zu lange haben wir einfach drauflosgelebt, und wie das Erwachen aus einem Traum ist die Erkenntnis, daß wir die Grenzen des Wachstums erreicht haben. Es steht schon in der Zeitung, wann wir alles Kupfer verbraucht haben werden, wann es kein Blei mehr geben wird, kein Öl und kein Uran. Wir leben bereits von der Substanz der Urenkel. „Es gibt kein Problem“ sagte Präsident Kennedy vor zweiundzwanzig Jahren, „das wir nicht lösen können.“ Aber welches Problem haben wir seither wirklich gelöst?

Aber – das Ungewöhnlichste an dieser Zeit, sagte ein Mädchen in diesem Gespräch, ist für mich, daß dies *meine* Zeit ist. Daß ich eben *jetzt* ein Mensch bin.

Ja – natürlich! Das *eine* Leben, das wir haben, leben wir nicht, damit wir uns die Ohren zuhalten und die Augen zumachen und uns in uns selbst zurückziehen, bis es nicht mehr weitergeht. Mit aller Leidenschaft, deren wir fähig sind, müssen wir Anteil nehmen an dieser Zeit, aus der wir kommen und in die wir ebenso geschickt werden.

„Wie du mich in die Welt gesandt hast, so habe auch ich sie in die Welt gesandt“, betet Jesus in der Abschiedsstunde zum Vater. Wir lesen es an diesem Sonntag im Evangelium.

Der Rückzug ins Private ist für jeden Menschen gefährlich – vor allem aber für den Christen. Natürlich kennen wir die Versuchung nur zu gut: „Kümmere dich doch nicht um andere Leute! Was hast du denn davon, Mißverständnisse und Undank. Hast du nicht mit dir selber genug zu tun? Du bist doch auch kein Herkules. Hast du das flaue Gefühl schon vergessen, wie du kürzlich wieder dastandest – du ewiger Samariter? Wer weint denn um dich? Begnüg' dich mit dir selbst, dann bleibt dir viel erspart...“ Ja – was bleibt uns da alles erspart!

Der ganze Auftrag Jesu bleibt uns da erspart! Denn so hat Jesus nicht gelebt. Und er hat auch nicht gesagt: „Rette sich, wer kann“, und er hat nicht gebetet: „Nimm sie aus dieser Welt.“ Sondern: „Mein Auftrag an euch besteht darin, daß ihr die Liebe weitergebt, die ihr von mir empfangen habt.“ Und Johannes schreibt in seinem ersten Brief wie eine Antwort darauf: „Wenn Gott uns so geliebt hat, dann müssen auch wir einander lieben.“

Seine Liebe weitergeben – das ist unser ganzer Glaube.

Vor siebenunddreißig Jahren, ich war damals Unterprimaner, kamen eines Morgens junge Leute von der „Bewegung für moralische Aufrüstung“ in unsere Schule, das Fichte-Gymnasium in Krefeld. Es gab eine Diskussionsstunde für die Oberstufe im Musiksaal. Die jungen Leute erzählten aus ihrem Leben. Wie sie zu den Gedanken und Werten gekommen waren, die ihr Leben so verändert und geprägt hatten. Da erhob sich so ganz lässig einer von uns Primanern und sagte: „Also – was ihr da sagt, ist ja ganz gut. Aber neu ist das nicht. Das steht alles schon im Neuen Testament. Das haben wir schon seit 2000 Jahren in der Tasche."

Da sprang ein junger Afrikaner auf und rief durch den Raum: „Dann holt es doch endlich aus der Tasche heraus, wenn ihr das da drin habt. Denn, um das in die Tasche zu stecken, dafür habt ihr das sicher nicht bekommen."

Das ist wahr: Nicht annehmen und in die Tasche stecken, sondern annehmen und weitergeben!

Indem wir das tun, sind wir der Umschlagplatz, auf dem sich Gott und die Welt treffen. Umschlagplätze sind nicht in erster Linie Stätten der Gemütlichkeit – aber sie sind entscheidend für den Kreislauf der Dinge.

Annehmen und weitergeben! Nicht irgendwann, sondern in dieser Zeit, deren Kinder wir sind. Nicht irgendwo, sondern da, wo wir leben.

Ich möchte anknüpfen an unsere Betrachtung in der letzten Woche.

In den Gesten unserer Hand finden wir bei der Liturgie der heiligen Messe zwei tiefsinnige Zeichen für das Annehmen und das Weitergeben: wenn wir unsere leere Hand ausstrekken, um bei der Heiligen Kommunion den Leib des Herrn zu empfangen, wenn der Herr zu uns sagt: ich will für dich Brot sein, damit du durch mich leben kannst, damit du selber Brot werden kannst für andere – wenn wir – kurz davor – unsere Hand beim Friedensgruß den Menschen neben uns geben. Fremden? Nein – nicht Fremden, sondern Menschen, mit denen ich zu tun habe.

Annehmen und weitergeben.

Jedem wird der Geist geschenkt

Das Thema von Pfingsten ist die Gemeinde – vom Heiligen Geist inspiriert. Gemeinde, in der jeder seinen Platz und seine Rolle hat. Gemeinde, die Paulus meint, wenn er in der Lesung sagt: „Jedem wird die Offenbarung des Geistes geschenkt, damit sie anderen nützt." Jedem! Das kann man immer wieder – und auf überraschende Weise in der Gemeinde erfahren. Das ist eine Quelle, aus der ich als Gemeindepfarrer leben kann. Ich möchte Ihnen, liebe Leser, das an ein paar Beispielen zeigen. Beispiele aus der Alltäglichkeit, die alle ein Geschenk des Geistes sind, der uns ja viel näher ist, als wir auch nur ahnen. Beispiele, die Sie, liebe Leser, selber so erfahren können.

Da ist die Mutter, die einige Kinder auf die Erstkommunion vorbereitet hat. Zuerst hat sie sich das nicht zugetraut: Wird sie Antworten haben auf alles, was die Kinder fragen? Und von Monat zu Monat spürt sie, daß es nicht die Antworten sind, wonach die Kinder fragen, sondern daß sie selbst es ist, ihr Glaube. Als die Mütter mit den Kommunionkindern über Ostern und Auferstehung gesprochen haben, fragt ein Kind diese Mutter: „Sag mal, glaubst du das wirklich?" Und die Mutter antwortet: „Ja – das glaube ich." Und das Kind fragt nach: „Wieso glaubst du das?" Was ist das für ein Glaubenszeugnis! Was für eine Weitergabe des Glaubens! Nicht auf der Kanzel – irgendwo am Wohnzimmertisch. Daß der Pastor das alles glaubt, davon geht das Kind aus. Aber die Mutter, eine Frau, die zu Hause all' die leckeren Lieblingsgerichte kochen kann, daß die das auch glaubt – und daß sie dafür einsteht!

So spielt sich das ab, daß jedem der Geist geschenkt wird, damit es anderen nützt. Anders war das auch nicht in der Gemeinde von Korinth, der Paulus seinen Brief schrieb.

Da sind einige Sechzehnjährige, die mit der Gemeindeassistentin eine Frühschicht für Jugendliche vorbereiten. Morgens um halb sieben in der Krypta. Die Jugendlichen sitzen im Halbkreis. Auf dem Boden brennen ein Dutzend Kerzen.

An der Wand werden Dias gezeigt: Menschen in widersprüchlichen Situationen: frei und unfrei, glücklich und verzweifelt, mutig und ängstlich. Und dann sagen die jungen Leute, wie sie das empfinden: „Wenn ich glücklich bin, kann ich lachen. Dann ist es mir egal, was die anderen denken. Ich freue mich, Leute zu sehen und möchte am liebsten meine Freude mit ihnen teilen. Oder ich denke über mein Glück nach und hoffe, daß sich nie etwas daran ändern wird.

Wenn ich verzweifelt bin und nicht weiter weiß, will ich allein sein. Ich will nachdenken und weinen können. Dann kann ich nicht verstehen, daß es anderen so gut geht, obwohl ich doch verzweifelt bin." Was das bedeutet: morgens um halb sieben! Junge Menschen teilen ihre Erfahrungen mit – versuchen, mit anderen zusammen, Widersprüche auszuhalten, zu verstehen. Auch da spielt sich das ab, daß jedem der Geist gegeben ist, damit es anderen nützt. Da ist die Frau, die damit konfrontiert wird, daß ihre Krankheit nicht zu heilen ist. Die noch so jung ist, und ihr Kind hat sie nötig. Diese Frau empfängt auf einmal Signale von Menschen, von denen sie das nie gedacht hätte. Signale, die sagen: du bist nicht allein. Gerade jetzt nicht. Wir gehen den Weg mit. Und was wir tun können, tun wir. Und das ist viel. Und diese Frau erfährt, daß sie ja gar nicht nur die Empfangende ist – daß sie jetzt etwas zu geben hat, das man schwer benennen kann, das aber viel damit zu tun hat, daß andere lieben lernen und mit dem Glück, geliebt zu werden. Wiederum – so spielt sich das ab, daß jedem der Geist geschenkt wird, damit es anderen nützt, wie Paulus das erfahren hat.

Da ist der Siebzehnjährige in der Gruppe von Amnesty International, dem das keine Ruhe läßt, daß auf den fernen Philippinen drei katholische Priester und sechs Laien einer Gemeinde inhaftiert sind wegen ihres sozialen Engagements. Es läßt dem siebzehnjährigen Pennäler keine Ruhe, daß er nichts tun kann. Dann erzählt ihm einer, daß diese katholische Pfarrgemeinde schon einmal mitgeholfen hat.

Nun kommt er, trägt das vor, was ihn bewegt. Geld ist nötig für Anwaltskosten, für den Unterhalt der betroffenen Familien, deren Väter da inhaftiert sind. Wir vereinbaren eine Kollekte an einem der nächsten Sonntage – nach den Gottesdiensten an der Kirchtür. Und am Sonntag der Türkollekte fährt er nach jeder Messe fröhlicher nach Hause, weil er spürt, daß er wildfremde Menschen angesteckt hat mit seiner Sorge um Menschen, die er auch nicht persönlich kennt.

So spielt sich das ab, daß jedem der Geist geschenkt wird, damit es den anderen nützt.

Da ist die Frau im Altenheim, die nie Besuch bekommt. Die Einsamkeit hat sie verschlossen gemacht. Nun kommt jeden Donnerstag eine Frau aus der Gemeinde zu ihr und liest ihr etwas vor. Gespräche sind schwierig. Zuerst war das Mißtrauen groß: was wollen sie? Nun freut sie sich auf Donnerstag.

Die Geschichten müssen einfach sein. Aber sie erreichen den Menschen und überwinden die Einsamkeit.

In der Gruppe der Alleinerziehenden treffen sich Frauen, um miteinander zu reden über alles mögliche, was sie bewegt, um Erfahrungen auszutauschen, Fragen zu stellen, gemeinsam Antworten zu suchen.

Und über all das schreibt Paulus: „Jedem wird der Geist geschenkt – damit es anderen nützt."

Einem kritischen Leser mag zu jedem der genannten Beispiele ein negatives Gegenbeispiel einfallen. Von mir aus – zwei.

Aber das, was ich erzählt habe, ist auch die Wirklichkeit.

Und das ist Pfingsten.

Unsere Heimat ist Gott

Der Mensch hört nicht auf zu fragen, woher er kommt – und wo er einmal sein wird, wenn diese vertraute Welt ihn nicht mehr hält. Alle Antworten auf diese Fragen sind Glaubensbekenntnisse. Auch wenn einer behauptet, es gäbe nichts mehr nach dem Tod, keine Heimat außer der uns jetzt bekannten – dann muß er das glauben; denn beweisen kann ihm das niemand, er selbst am allerwenigsten.

Was für eine Antwort bekommt der fragende Mensch auf die Frage nach dem Woher und Wohin, wenn er hört: Gott ist ein dreifaltiger Gott.

Die erste Antwort, die unserem fragenden Herzen hier gegeben wird, lautet:

Unsere Heimat ist das Geheimnis; denn die Dreifaltigkeit ist ein Geheimnis – und von da kommen wir her.

Das beunruhigt mich überhaupt nicht. Im Gegenteil: das macht mich überaus froh: daß meine Heimat das Geheimnis ist. Meine Heimat – was ist das? Meine Heimat – das ist eine Landschaft: der linke Niederrhein. Menschen sind meine Heimat, Menschen, die mich verstehen, bei denen ich mich ein wenig ausruhen kann, die mich nicht werten, die mich annehmen, wie ich bin.

Meine Heimat – dazu gehört vieles, was meine geistige Welt ausmacht. Bücher gehören dazu. Orte – an denen ich gern bin. Erfahrungen und Einsichten. Meine Heimat ist die Kirche.

Aber meine eigentliche Heimat ist das alles nicht. Meine eigentliche Heimat, das bin nicht ich selber, das sind nicht Menschen, Ideen, Systeme, Kulturen. Das ist nichts von dieser Welt. Meine eigentliche Heimat, das ist da – von wo ich herkomme – und woraufhin ich mich bewege. Und das ist etwas, was sich meinen ordnenden Begriffen, meinen Erfahrungen und Einsichten ganz und gar entzieht – nämlich das Geheimnis.

Das Geheimnis – und nicht eine immer mehr entschlüsselte, entzifferte, auseinandergenommene und darum immer

langweiligere Welt. Ich habe nichts gegen Entdecken, Bohren und Beziffern. Aber mir graut vor einer ganz und gar übersichtlichen, eingeteilten und hell erleuchteten Welt.
Ich brauche Licht, um mich zurechtzufinden, um mich nicht zu ängstigen. Und ich brauche das Dunkel, um auszuruhen und um gelegentlich zu weinen. Ich bin ja selber ein Geheimnis. Ich bin einverstanden, daß meine Heimat das Geheimnis ist.
Und daß dieses Geheimnis nicht *etwas* ist, sondern *jemand.*
Ich bin nicht nur der Fragende. Ich bin auch der Gefragte. Und der nach mir fragt, fragt aus dem Geheimnis, das er selber für mich ist, undurchdringlich für meinen bohrenden Verstand und für mein suchendes Herz. Und mir doch so nah, der ich selbst ein Geheimnis bin – auch ein Geheimnis des Glaubens – daß mir die Geborgenheit leichtfällt.
Die zweite Antwort, die uns im Geheimnis der Dreifaltigkeit gegeben ist, lautet:
Unsere Heimat ist die Gemeinschaft; denn die Dreifaltigkeit ist Gemeinschaft – und von da kommen wir her.
Unsere Heimat ist die Gemeinschaft! Wohl ist jeder von uns ein einzelner. Und keinen von uns gab es jemals schon einmal – und keinen von uns wird es jemals wieder geben. Jeden gibt es ganz für sich.
Aber unsere Heimat ist nicht das Alleinsein, nicht die Einsamkeit. Die Einsamkeit, sagt Exupéry, ist nur die Frucht des Geistes, wenn er krank ist. Wir sind für den Austausch geschaffen, für das Gespräch, für das Mahl. So wie vor 500 Jahren jener Russe die Dreifaltigkeit gemalt hat – auf einer Holzplatte – drei Gestalten, jede voller Eigenart und jede der anderen ähnlich. Jede den beiden anderen wunderbar zugeordnet. Sie sitzen im Gespräch um einen Tisch und halten Mahl.
Herr, du hast es so eingerichtet, daß wir unser Glück nicht im Alleingehn finden. Du hast das Zusammenleben der Menschen nicht aus der Ferne des Himmels geregelt. Du hast als Mensch unter Menschen gelebt. Und du hast gespürt, wie anstrengend und wie schwierig das manchmal ist.

Du hast Stunden gebraucht, wo du allein sein mußtest. Aber dann bist du wieder unter die Menschen gegangen – und hast sie angenommen wie sie sind. Und hast uns das hinterlassen, daß wir uns versammeln, immer wieder, daß wir dein Mahl miteinander halten – und so in jeder Messe eine Ahnung davon haben, daß unsere Heimat die Gemeinschaft ist.

Die dritte Antwort, die uns im Geheimnis der Dreifaltigkeit gegeben ist, lautet: Unsere Heimat ist die Liebe; denn die Dreifaltigkeit ist Liebe – und von da kommen wir her. Erlauben Sie mir einen Vergleich. Wenn zwei Menschen heiraten, geht es immer für sie um sehr viel. Sie wissen, daß es ihre Liebe ist, die sie dahingeführt hat. Sie wünschen sich, daß sie nun ein Leben lang von dieser Liebe leben können. Sie wissen wohl, daß das eine große Herausforderung darstellt. Und sie wünschen sich, daß sie dieser Herausforderung gewachsen sind.

Ich habe mich kürzlich gefreut, als zwei junge Leute sich als Lesung für ihre Brautmesse jene Sätze aussuchten, in denen der greise Johannes die Summe seines Lebens und seines Glaubens zieht. „Laßt uns einander liebhaben, denn die Liebe hat ihren Ursprung in Gott. Wer liebt, ist Gottes Kind. Wer nicht liebt, hat von Gott nichts verstanden, denn Gott ist Liebe. Woher wir das wissen?

Weil Gott seinen Sohn gesandt hat. Niemand hat Gott gesehen. Wenn wir lieben – ist Gott in uns gegenwärtig. Wir haben die Liebe erkannt und verlassen uns auf sie. Gott ist Liebe. Wer liebt – bleibt in Gott und Gott in ihm."

Auch das erfahren wir in der heiligen Messe.

In der heiligen Kommunion empfangen wir Christus als einen, der sich hingibt; als einen, der liebt; als einen, der uns anstecken will mit der Liebe.

Da sind wir mitten drin: in der Liebe, in der Gemeinschaft, im Geheimnis der Dreifaltigkeit.

Unsere Heimat ist Gott.

Wohin mit der Schuld?

Da wird vor 3000 Jahren die „Geschichte von Gott und den Menschen am Anfang“ erzählt, nicht als „historische“ Darstellung, sondern als Heilsgeschichte, und schon ist da von Schuld die Rede.

Aber nicht nur vom Schuldigwerden ist die Rede – in dem Genesis-Abschnitt der ersten Lesung erfahren wir auch von den ersten Versuchen der Menschen, sich zu entschuldigen, die Schuld zu verdrängen. Adam hat es zwar getan, aber er will es nicht schuld sein. Die Schuld schiebt er der Frau zu. Eva will es aber auch nicht schuld sein. Sie schiebt es der Schlange zu. Die Schlange wußte aber zu genau Bescheid, als daß sie es riskiert hätte, die Schuld noch einmal weiterzuschieben.

Schuld ist ein Thema von Anfang an. Aber – wohin damit? Vor kurzem war in meiner Gemeinde wieder Erstbeichte der Kinder. Acht Mütter und die Gemeindeassistentin hatten die Kinder auf die erste Beichte vorbereitet: vernünftig und mütterlich geschickt. Während die Beichtgespräche der Kinder stattfanden, fragte ein kleines Kind in der Kirche seine Mutter: „Mamma, was machen die da eigentlich, die kommen alle so fröhlich da raus?“ Nachher haben wir das dann gefeiert: Beichtkinder, Eltern und Geschwister: mit einem fröhlichen Kaffee im Gemeinschaftsraum. Daß Umkehr froh macht – davon konnte man an diesem Nachmittag viel spüren.

Na – fein, werden Sie, liebe Leser, denken, das hört sich ja gut an. Aber diese Berichterstattung wäre unreell, wenn ich nicht auch von der Verlegenheit spräche, die ich diesen Kindern gegenüber empfinde. Wir leiten sie an zu einer Praxis, die sie im kirchlichen Leben der Erwachsenen kaum wiederfinden. „Herr Pastor“, fragte mich ein Kind, „dürfen große Leute auch beichten?“ So eine Frage erhellt wie eine Momentaufnahme die Situation. Kein Kind käme auf die Idee – zu fragen, ob große Leute auch zur Kommunion gehen dürfen – das sieht das Kind ja. Sonntag für Sonntag sieht es die langen Reihen der Kommunizierenden. Aber Beichtende sieht es kaum. Ein Gemeindepfarrer hat sich kürzlich dazu in der Zeitschrift „Christ in der Gegenwart“ Luft gemacht. Er schrieb: „Ich kann mir eine Bußerziehung der Kinder nicht mehr vorstellen ohne Ansatz bei den Erwachsenen.

Von Jahr zu Jahr schäme ich mich mehr vor den Kindern.“

Was tun?

Soll man damit aufhören, die Kinder zur Beichte zu führen? Sicher nicht.

Aber daß die Kinder ohne Sündenangst das Beichten lernen, ist nicht genug. Wir sind alle Betroffene. Schuld ist keineswegs ein bewältigtes Thema. Durch falsche Behandlung ist das Thema Schuld in eine dreifache Isolation geraten: von Gott losgelöst ist die Schuld gottlos geworden; vom Menschen verdrängt, ist sie heimatlos geworden; als Tabu behandelt ist sie wortlos geworden. Alles drei rächt sich. Und darum muß davon geredet werden – aber nicht, um alte Ängste wieder aufleben zu lassen. Darum ist das wichtig, daß wir das eingestehen. Daß wir das vor Gott sagen: Wir werden schuldig, wir werden mit der Schuld nicht fertig. Wir können uns nicht selbst entschuldigen. Es ist nicht so, daß wir alles richtig machen. Uns unterlaufen nicht nur Fehler, weil wir manchmal nervös sind und überfordert. Ich werde schuldig, indem ich mich verweigere. Gott und Menschen haben an mich Erwartungen, die vernünftig und begründet sind, die meinen Möglichkeiten und Kräften durchaus angemessen sind, die ich aber enttäusche. Hinter manchem, was ich könnte, bleibe ich zurück, weil ich nicht will – und das ist Schuld.

Das vor Gott in aller Ruhe auszusprechen, ist das erste.

Wenn mich als Kind jemand gefragt hätte, wie man Sünden los wird, hätte ich nur *eine* Antwort parat gehabt: Man muß beichten gehen. Diese Verengung ist nie die Lehre der Kirche gewesen, aber in unserem Bewußtsein gab es diese Engführung: *Nur* die Beichte vergibt Sünden. Das hat dem Sakrament nicht gut getan.

Die Beichte ist unter den Formen der Sündenvergebung *eine.* Wohl auch eine besondere: weil ich da die Dinge ausspreche, weil ich da ein menschliches Gegenüber habe, das nicht nur mit Jesu Vollmacht ausgestattet ist, sondern das auch für all die stellvertretend da ist, die ich enttäuscht habe, an denen ich schuldig geworden bin. Und weil ich davon überzeugt bin, gehe ich beichten. Und jedesmal, wenn der Priester zu mir gesagt hat „Ich spreche dich los von deinen Sünden“ hat mich das sehr froh gemacht. Aber es ist nicht die einzige Form der Sündenvergebung. Tätige Nächstenliebe, nicht nur die spektakuläre, sondern auch die kleine alltägliche, vergibt Sünden. Aufrichtiges Gebet vergibt Sünden. Der ehrliche Bußakt am Beginn der Messe vergibt Sünden. Auch wenn die Bußfeier kein Sakrament ist, was für eine bewußte Hinwendung zu Gott kann da stattfinden. Auch da werden Sünden vergeben.

Alle diese Formen lernen die Kinder in der Bußvorbereitung kennen.

Aber eben auch die sakramentale: die Beichte. Sie lernen die Beichte kennen als Beichtgespräch. Dem Priester gegenüber zu sitzen, belastet sie gar nicht. Das entspricht ihrer Erfahrung vom Umgang mit anderen. Vielleicht liegt hier auch für uns Erwachsene eine Möglichkeit: das Beichtgespräch. Wer ein Beichtgespräch geführt hat, der weiß, was ihm das gebracht hat: Angenommensein, Verständnis, Kraft, Ruhe. Und das Wort der Vergebung. Auch das gehört zu den Hoffnungen unserer Zeit, daß immer mehr Menschen – auch junge Menschen – sich einmal zu einem Beichtgespräch entschließen.

Ich kann aus meiner Erfahrung nur dazu ermuntern.

Geben – ohne zu zählen

Jedesmal freue ich mich, wenn ich das Evangelium vom Sämann lese. Es macht mir Mut. Es hilft mir an einer Stelle, wo wir alle verwundbar sind: nämlich in der Neigung – zu resignieren. Und ich möchte so gerne mit dieser kleinen Betrachtung auch Ihnen, liebe Leser, ein wenig Mut machen. Mut brauchen wir mehr als vieles sonst. Es ist so leicht, den Mut sinken zu lassen. Ich kann die verstehen, die resignieren. Sie haben so viele Gründe für sich. Gründe, die schwer sind von Erfahrung.
Sehen wir, was Jesus uns dazu sagt. Mit dem Reich Gottes ist es so, wie wenn ein Mann Samen auf seinen Acker sät. In dem Mann finden wir uns wieder; denn das tun wir ja auch. Keine Mutter, kein Vater, die das nicht tun; jeder, der mit anderen Menschen zu tun hat. Jeder hat seinen Acker; klein oder groß. Wer ein Feld bestellt, der freut sich auf die Ernte. Auch wir freuen uns über die Frucht unserer Bemühungen. Wir erwarten keinen großen Dank. Aber es tut uns gut, zu sehen, wenn Erfolg hat, was wir machen. Dagegen hat Jesus nichts. Aber worauf es Jesus ankommt, ist dies: *vor* der Ernte kommt die Saat.
Wer einsammeln will, muß zuerst austeilen. Wer bekommen will, muß geben. Und nicht zu knapp. Das sollen wir als erstes von dem Sämann lernen: großzügig aussäen, aus dem Vollen. Ja – haben wir denn so viel? Wir haben nicht unbegrenzt, aber wir haben viel mehr, als uns bewußt ist. Alle Mütter können mir das bestätigen, wenngleich auch sie zuweilen staunen, woher sie es noch nehmen.
Es geht ja auch nicht anders. Stellen Sie sich einen Bauern vor, der beim Säen anfängt zu zählen, der ängstlich den großen Schwung unterbricht und sich fragt: Wieviel Samenkörner kann ich mir noch leisten? Der bleibt besser zu Hause. So einer wird ja auf der Stelle verrückt. Säen, das geht nur großzügig. Und das gilt nicht nur von der Wintergerste. Das gilt genau so von den kostbaren Saatgütern, mit denen wir es zu tun haben. Das Vertrauen ist so ein Schatz, Freund-

schaft und Liebe. Wie kann denn einer erwarten, das zu ernten, was er nicht gesät hat? Wie kann einer eine üppige Ernte erwarten, wenn er so knauserig gesät hat. Es gibt noch mehr Gründe, warum eine Ernte mager ausfallen kann – und die liegen nicht alle in unserem Belieben. Das aber liegt in unserem Belieben, wenn wir wenig ernten, weil wir wenig gesät haben.

Das ist das erste, was wir von Jesus lernen können: geben. Geben, ohne zu zählen. Das zweite ist dies: in der Überlieferung des Sämanngleichnisses bei Matthäus setzt Jesus viermal an: der Weg, der steinige Grund, Dornen und Disteln, die gute Erde. Und viermal benutzt Jesus für das Saatgut, das darauf fällt dasselbe Wort: ein Teil. Also nicht: ein paar Saatkörner fielen auf den Weg, ein paar auf steinigen Boden, ein paar unter die Dornen – das meiste aber auf gute Erde. Wenn das so wäre, das würde das Bild der heilen Welt nicht stören, wen kümmern schon ein paar Samenkörner. Dreimal geht ein Teil des Saatgutes verloren. Endlich, heißt es, fiel ein Teil auf gute Erde. Eine ganze Menge also geht verloren. Ja, sagt Jesus, so ist das. Uns bricht schon der Schweiß aus, wenn ein bißchen verloren geht. Und Jesus lächelt. Und fragt: Wer hat euch bloß diese Art zu rechnen beigebracht: ich bestimmt nicht.

Jesus widerspricht ja nicht, wenn wir traurig sind über das, was wir verschütten: durch Ungeduld, durch Unbeherrschtheit, durch gekränkte Eitelkeit, durch Eifersucht, durch allerhand verborgene Egoismen. Natürlich ist das schade. Auch der Sämann hat manches verschüttet, was nicht nötig gewesen wäre. Darauf bildet er sich auch nichts ein. Aber für den steinigen Grund konnte er nichts, für die Dornen konnte er nichts, für die Vögel, die kommen und die Saatkörner aufpicken, konnte er nichts. Er kann ja nicht Tag und Nacht daneben stehn.

Wenn ich das auf einmal feststelle, wieviel mir verloren geht: auf dem Weg an die Vögel, auf dem steinigen Boden ohne Tiefgang, unter die Dornen und Disteln, die alles ersticken – dann bekomme ich einen Schrecken. Zuerst weh-

re ich mich dagegen: leugne das, weise hin auf alles, was ich tue, daß ich *noch* mehr nicht kann, daß es ein großes Unrecht ist, daß mir das passiert bei soviel gutem Willen. Ich fühle mich angegriffen und ins Unrecht gesetzt. Und im Handumdrehen schlägt das um, aus Abwehr wird Selbstanklage, was für ein Versager bin ich. O nein, sagt Jesus, das bist du nicht. Du hast es wirklich nach bestem Wissen und Willen gemacht. Aber du bist nicht der einzige Faktor. Weder ist die neunzigfache Frucht nur dein Verdienst, noch ist der steinige Boden deine Schuld, die Vögel und die Disteln. Du sollst dich nicht grämen über das, was verloren geht – du sollst dich freuen über das, was aufgeht. Wir haben die fatale Neigung, das Negative aufmerksamer aufzunehmen als das Positive.
Kritisieren geht uns leichter von der Hand als loben. Und das fängt bei uns selber an.
Nicht stehenbleiben am Weg, vor den Disteln, an dem steinigen Grund. Säen und weitergehen. Nicht meinen, wir müßten jedes Hälmchen persönlich begleiten. Nicht das Säen verwechseln mit dem Ernten. Auch mit Gelassenheit und Vertrauen anderen überlassen, zu ernten, was wir gesät haben – so wie wir mit Selbstverständlichkeit ernten, was andere gesät haben.
Säen ist geben ohne zu zählen.
Gott will uns Mut machen.
Der Same wächst – und der Mann weiß nicht, wie!

Sag' meinem Sturm – sei still

Was haben wir mit einem Wirbelsturm auf dem See Gennesaret von vor 2000 Jahren zu tun? So gut wie nichts.
Was haben wir mit Menschen zu tun, die vor Angst nicht mehr weiterwissen? Eine ganze Menge.
Was können wir lernen von Menschen, die in einer solchen Not den Herrn wachrütteln? Viel.
Der See Gennesaret ist 170 Quadratkilometer groß, ein Drittel vom Bodensee. Wenn die kalten Fallwinde vom Hermongebirge bei einem Höhenunterschied von 3000 Meter auf die Tiefebene herabstürzen, dann wühlen sie den See so auf, daß immer wieder Menschen dabei ums Leben kommen.
Plötzlich, heißt es im Evangelium; auch darum sind diese Stürme so gefürchtet, weil sie wie aus heiterem Himmel über den See herfallen. Die Jünger im Boot waren keine unkundigen Touristen; auf dem Wasser zu sein, war ihr Beruf. Aber dieser Sturm bedrohte mehr als Mast und Segel, sie hatten Angst um ihr Leben.
Jesus schlief auf dem Kissen. „Kümmert es dich nicht, daß wir zugrunde gehen?" Darin liegt ein Vorwurf. Sie fühlen sich im Stich gelassen; sie sind in Angst, aber er ist nicht da, wo sie sind, obwohl er im gleichen Boot ist.
Und dann passiert etwas, damit haben sie nicht gerechnet: Er steht auf und droht dem Sturm: sei still. Und als es dann so ruhig wird, daß die Stille selbst beklemmend ist, da fürchten sich diese Männer, klatschnaß wie sie sind, in dieser Abendstunde noch einmal: nicht vor dem Sturm, sondern vor dem Mann.
Als sie ihn wachrüttelten, wollten sie ihn bei sich haben, und nun – ist er weit weg von ihnen, obwohl er vor ihnen steht. Und sie denken: Wer ist das? Und dann fragt er sie etwas, darauf sind sie nicht gekommen: Habt ihr keinen Glauben?
Es ist nicht schwer, denke ich, daß wir uns in dieser Geschichte wiederfinden.
Unser Lebensschiffchen, wo befindet es sich gerade? Liegt

es vor Anker – und macht gerade Pause? Liegt es im Hafen und wartet auf neue Fahrt? Zieht es seinen Kurs? Ist es in Seenot? Treibt es beschädigt dahin?
Ganz plötzlich erhob sich ein Sturm! Ganz plötzlich: Wir hatten es nicht erwartet, aber nun ist es eingetreten: ein Brief; ein Streit; eine Mitteilung, die uns die Sicherheit wegreißt wie den Teppich unter den Füßen, die plötzliche Gewißheit, daß etwas Schlimmes eingetreten ist, die blitzschnelle Einsicht in unsere Situation, die Ehrlichkeit eines anderen, die kein Mißverständnis mehr erlaubt; eine Krankheit, die ausbricht; ein Verlust; ein Tod; eine Leidenschaft, die man nicht mehr halten kann; Angst, die nicht zu steuern ist; Depressionen, die nicht zu lenken sind – ganz plötzlich erhebt sich über uns der Sturm.
Nun – wir sind nicht unkundig: Wir wissen, was wir zu tun haben: Segel, Mast, Steuer – das alles hat seine Gesetze, den richtigen Griffen gehorchen die Elemente. Und dann die Erkenntnis, daß das nur meistens so ist, daß die Elemente jetzt stärker sind, daß Segel zerfetzen können und Maste knicken. Und dann riesengroß die Angst, ausgeliefert zu sein.
Was dann? Die Jünger haben den Herrn wachgerüttelt, sie wollten ihn bei sich haben, als es ihnen dreckig ging. Er gehörte dazu, als sie in Not waren.
Das ist das erste, was wir von ihnen lernen können. *Er* gehört dazu, wenn wir in Not sind. Das ist eine Einsicht, die ist uns nicht mehr so selbstverständlich. Not lehrt beten – nicht immer. Not kann einen auch stumm machen. Woher kommt das, daß unsere Not den Weg zu Gott nicht immer findet? Weil wir keine Verbindung sehen zwischen dem, was wir leiden, und dem, was wir glauben.
Nun denkt vielleicht mancher Leser: Sie sind nicht in meiner Lage, Sie wissen nicht, wie das ist. Nun, ich erlebe ja auch so allerlei – und muß sehen, wie es dann weitergeht. Aber maßgebend ist nicht dieser oder jener von uns. Maßgebend ist Jesus. Im wahrsten Sinne – maßgebend, denn er hat es ja selbst erfahren. Als Jesus im Ölgarten kniete, wurde ihm

das ganze Ausmaß seines frühen Sterbens klar. Das hat ihn so mitgenommen, daß sein Schweiß blutig wurde, ein Zeichen allerhöchster Lebensangst. In der Stunde, wo Jesus diesen Sturm von Angst erlebte, betete er sich in das Vertrauen zum Vater hinein. Wir kommen auch in der Frage vor, die Jesus an die Jünger richtet: Wo ist euer Glaube? Das ist das zweite, was wir lernen können. Ob wir das fertigbringen, in unseren Stürmen nach ihm zu rufen; ob wir das schaffen, ihn zu rütteln, bis wir ihn bei uns haben – ob wir das tun, hängt von der Gottesvorstellung ab, die wir haben, hängt davon ab, wie wirklich Gott in unserem Leben ist: Gott – so wirklich wie die Stürme, denen wir ausgesetzt sind.

Nur an einem Gott, der uns wirklich ist, werden wir rütteln. Nur einen Gott, der uns wirklich ist, werden wir bei uns haben wollen, wenn wir Angst haben. Nur zu einem Gott, der uns wirklich ist, werden wir verzweifelt rufen: Sag' zu meinem Sturm, sei still. Herr, ich möchte mit meinen Ängsten zu dir gehen können. Wenn ich das fertigbringe, fange ich ja schon an, zu vertrauen, dann beginnt ja schon das Wunder. Indem ich mich zu dir flüchte, sagst du schon zu meinem Sturm: Sei still! Wer ist das, fragten die Jünger. So wirst du auch mir manchmal fremd, damit ich dich kennenlerne.

Vom Reichtum und von der Armut

Wenn wir von einem sagen, er sei reich, dann meinen wir nicht nur, daß er ein eigenes Haus hat, ein Auto und ein Dutzend kostspieliger Elektrogeräte – dann meinen wir, daß er viel Geld verdient und noch mehr davon besitzt.
Paulus sagt von den Gemeindemitgliedern in Korinth, daß sie reich sind. Aber, was er dann aufzählt als Beispiele dieses Reichtums, sind ganz andere Sachen als Geld und Besitz: nämlich Glaube, Gotteswort und Menschenwort, Einsicht und Erkenntnis, Eifer und guter Wille und Liebe. Lauter „innere" Werte!
Wenn wir uns doch alle entschließen könnten, das für wahr zu halten! Erlauben Sie mir, liebe Leser, das noch einmal zu unterstreichen mit den schönen Versen, die Erich Kästner für die Kleinmütigen geschrieben hat, in denen er auf leichte Art den heiligen Paulus so sehr bestätigt: „Niemand weiß, wie reich du bist, freilich mein' ich keine Wertpapiere, keine Villen, Autos und Klaviere, und was sonst sehr teuer ist... nicht den Reichtum, den man sieht und versteuert, will ich jetzt empfehlen. Es gibt Werte, die kann keiner zählen, selbst, wenn er die Wurzel zieht. Und kein Dieb kann diesen Reichtum stehlen. Die Geduld ist so ein Schatz, oder der Humor und auch die Güte und das ganze übrige Gemüte. Denn im Herzen ist viel Platz... Arm ist nur, wer ganz vergißt, welchen Reichtum das Gefühl verspricht... Keiner weiß, wie reich du bist. Und du weißt es manchmal selber nicht."
Aber dann ist bei Paulus *doch* von Geld die Rede, und zwar sehr handfest: nämlich von Spenden. Im Vergleich zu den Christen in Korinth, die keine Not leiden, sind viele Christen in Jerusalem arm dran. Paulus möchte einen Ausgleich herbeiführen: Der Überfluß der einen soll dem Mangel der anderen helfen. Dem Reichtum der Korinther möchte Paulus ein neues Erkennungszeichen hinzufügen: ihre Freigebigkeit. *Geben* als Zeichen von Reichtum! Wiederum: Wenn wir uns doch alle entschließen könnten, das für wahr

zu halten. Kaum ein Buch hat in den letzten zwanzig Jahren – besonders bei jungen Leuten – soviel Beachtung gefunden wie „Die Kunst des Liebens“ des Psychoanalytikers Erich Fromm. Darin schreibt er den Zeitgenossen ins Stammbuch, was Paulus den Korinthern schrieb: „Lieben ist in erster Linie *Geben* und nicht Empfangen. Nicht der, der viel *hat,* ist reich, sondern der, der viel *gibt.* Wer Angst vor Verlust hat, ist ein armer Mensch, egal, wieviel er besitzt. Wer fähig ist, von sich selbst zu geben, ist reich. Was gibt ein Mensch dem anderen?

Er gibt von sich selbst, von seiner Freude, von seinem Interesse, von seinem Humor, von seiner Traurigkeit – kurz, von allem, was in ihm lebendig ist. Er gibt nicht, um etwas dafür zu empfangen. Aber durch sein Geben kann er nicht vermeiden, im anderen etwas zum Leben zu erwecken, das wiederum auf ihn zurückwirkt. Das Geben umschließt, daß der andere ebenfalls zum Gebenden wird und daß beide sich an dem freuen, was zum Leben erweckt worden ist.“

So ist es, hätte Paulus gesagt! Und dann zeigt Paulus, wo das alles seine Begründung und seine Gültigkeit her hat.

Schon bisher waren landläufige Meinungen über Reichtum und Armut auf den Kopf gestellt worden: Reichtum ist innerlich – nicht äußerlich. Reichtum zählt nicht nach Haben sondern nach Geben. Auf diese Paradoxien folgt nun die größte: „Christus war reich, er wurde euretwegen arm, um euch durch seine Armut reich zu machen.“

Wie soll das denn gehen: durch die eigene Armut andere reich machen? Wenn ich meine Armut zugebe, dann gebe ich ja gerade den Mangel zu. Wie kann das denn anderen helfen?

Um das zu verstehen, müssen wir auf Jesus und auf seine Armut schauen.

Worin besteht die Armut Jesu?

Nicht darin, daß er nichts besaß: „Die Füchse haben ihre Höhlen und die Vögel ihre Nester; der Menschensohn hat keinen Ort, wo er sein Haupt hinlegen kann.“

Nicht darin bestand seine Armut, daß er weniger hatte im

Vergleich zu anderen *Menschen.* Seine Armut wird erst sichtbar in seinem Verhältnis zum *Vater:* daß er alles vom Vater erwartet, daß der Wille des Vaters alles ist, daß der Vater über ihn verfügen kann, daß er dieser Verfügbarkeit nichts entgegenstellt. Hier wird der Mensch in einem ganz entscheidenden Befund korrigiert: Der Mensch, der sein Leben selber in die Hand genommen hatte, der sich selber für zuständig erklärt hatte für seinen Reichtum, der selber sein Maß geworden war – dieser Mensch wird durch Jesus wieder in die Verfügbarkeit Gottes gestellt. Das ist – menschlich gesehen – die größte Armut. Aber eine Armut, die zugleich der eigentliche Reichtum ist. Als der Aachener Bischof seine Weihe empfing, hat er gesagt: „Jetzt muß ich von mir selber ganz leer werden, damit ich ganz offen sein kann für Gott." Das ist es. Und das gilt nicht nur für Bischöfe.

Wenn ich meine verkrampften Hände löse und öffne, wenn ich aufhöre, mein Heil von *mir* und *meinen* Anstrengungen zu erwarten, dann beginnt ja schon die Verwandlung. Dann gebe ich zu, was ich eigentlich bin: ein Empfangender. Jeder Bettler ist auch für mich selbst ein Gleichnis. Darum erschrecke ich jedesmal ein wenig, wenn einer vor meiner Tür steht: Ich begegne da etwas von mir selber. Daß ich einer bin, der empfängt! Daß ich von anderen lebe – oder gar nicht, das ist eine der Weisheiten, welche die Kinder uns voraushaben. Was für Dimensionen zeigt Paulus da auf – indem er um eine Kollekte bittet!

Nazaret ist überall

Das ist auch heute noch so: Wenn ein bedeutender Wissenschaftler oder ein angesehener Staatsmann, oder ein weltbekannter Künstler ihrem Heimatdorf einen Besuch machen – dann ist das ein Ereignis. Der Bürgermeister spricht dann aus, was alle empfinden: daß sie stolz sind auf ihren großen Sohn. Es kommt Freude auf: Der Ruhm des einen scheint auf alle – und ohne eigentlich zu wissen, wie, haben die Leute ein Gefühl, daß sie mit dieser Berühmtheit auch etwas zu tun haben. Das meiste daran – das weiß man natürlich – kommt aber woanders her, man hatte es früher gar nicht bemerkt.

Hier liegen die Schwierigkeiten, welche die Leute von Nazaret mit Jesus hatten. Sie sind nämlich blind für alles, was über den kleinen Horizont von Nazaret hinausgeht. Nicht daß ihnen verborgen bleibt, was für staunenswerte Dinge er sagt und tut: daß er nämlich gesandt ist, den Armen die Botschaft zu bringen, daß Gott sie liebt; den Gefangenen die Entlassung; den Blinden das Licht; den Gebrochenen die Freiheit. Und daß man an diesen Zeichen den Messias erkennen konnte, das wußten sie auch. Und für den Fall, daß sie es vergessen hatten, las Jesus es ihnen noch einmal vor. Sie sind auch gespannt, was sie wohl heute von ihm erleben. Sie rechnen mit Besonderem. Aber zugleich ist ihre Verwunderung groß. Da sind die älteren Leute zum Beispiel – und die aus der Generation von Maria und Josef. Die hatten ihn ja groß werden sehen. Er war ein Kind wie alle anderen: lieb, gut erzogen – gewiß. Aber niemand in Nazaret hatte gefragt – wie bei der Beschneidung seines Vetters Johannes: Was wird aus dem Kind werden? Außerdem wußten sie ja, was aus ihm geworden war: Schreiner hatte er gelernt – und jahrelang diesen Beruf ausgeübt, bis er eines Tages den Ort verließ, ein Wanderprediger war er geworden und ein Wundertäter – wo hatte er das bloß her! Und die gleichaltrigen Dorfbewohner, die mit ihm gespielt und gelernt hatten, die jetzt fast alle schon verheiratet waren, selber Kinder

hatten und in den kleinen Berufen des Ortes ihr Brot verdienten – die begriffen genau so wenig.
Sie sind nur bereit, ihn zu messen mit ihren kleinen Maßen. Sie sind nur bereit, ihn unterzubringen in ihrem kleinen Rahmen.
Sie erdreisten sich, sich aus dem bißchen, was sie wissen, ein Bild zu machen, wer er ist. Und wenn er diesen engen und schiefen Rahmen sprengt, wenn er ihren Glauben will statt Jugenderinnerungen, Vertrauen statt Wiedersehensfreude, dann sagen sie: nein.
Wie kommen wir denn dazu! Was glaubt er denn, wer er ist. Man ist doch um drei Ecken mit ihm verwandt: und jetzt Messias! Das geht über ihren Horizont. Zu *glauben* sind sie nicht bereit. Und diese Verweigerung bewirkt bei Jesus: er kann die Zeichen nicht wirken wie anderswo. Nicht daß er nicht will, er kann nicht. Der Unglaube verhindert, daß das, was er tut, erkannt wird als Zeichen Gottes. Er geht fort und wundert sich, daß sie so gar keinen Glauben haben.
Was haben wir mit der Sache zu tun?
Jesus erlebt hier etwas sehr Menschliches – und das wird uns auch zur Warnung erzählt – nämlich: ihr sollt euch kein Bild voneinander machen – eine Sünde, von der Max Frisch sagt, daß wir sie täglich begehen, außer wenn wir lieben.
Nazaret ist überall.
Die Fehler der Leute von Nazaret wiederholen sich unaufhörlich. Überall da, wo in besonderer Nähe, in alltäglicher Gewohnheit, Klischees entstehen, die blind machen. Eltern – zum Beispiel – und alle, die in ihrem Beruf und in persönlichen Situationen mit jungen Menschen zu tun haben, müssen sich dessen bewußt sein. Man weiß von den Kindern doch alles, man hat sie täglich um sich, weiß, wie sie reagieren, kennt ihre Bedürfnisse. Diese Nähe hat viel für sich. Aber wer nicht offen bleibt, der engt ein, der behindert.
Nazaret ist überall. Das ist keine Frage von Intelligenz, von gutem Willen, von Versäumnissen, von Schuld, das unterläuft einem ganz von selber, wenn man sich nicht aktiv dagegen wehrt.

Da haben wir zum Beispiel einen Ärger gehabt, einer verhält sich anders als wir erwartet hatten. Wir sind verstimmt. Nun bildet sich aus Ärger, Enttäuschung und Verstimmtheit eine Meinung, ein Urteil wird daraus – und wenn uns der liebe Gott nicht durch einen Zufall hilft, dann bleibt das Urteil stehen und manchmal jahrelang, und mit der Wirklichkeit dieses Menschen hat das längst nichts mehr zu tun.

Daß auch Jesus darunter zu leiden hatte, soll uns hellhörig machen und aufmerksamer für einander. Und für Gott: daß wir ihn erkennen, wenn er kommt, und daß wir ihn nicht übersehen – blind vor Klischees. Wieviele verschiedene Gottesbilder mögen die Menschen an diesem einen Tag in sich tragen! Bilder, von Menschen gemacht. Gott schuf den Menschen nach seinem Bild, das ist wahr. Aber viele Menschen „schaffen" sich auch einen Gott nach ihrem Bild, das ist leider auch wahr. Wer hat sich nicht schon alles auf Gott berufen – was ist Gott nicht alles unterstellt worden!

Denken Sie an das Bild vom Lückenbüßergott – nur weil man sich so vieles nicht erklären kann. An das Bild vom kleinlichen Verbotegott, der sich alles merkt und alles nachträgt. An das Bild vom Ersatzgott, weil Menschen einen Halt brauchen oder eine Befriedigung. An das Bild vom unverständlichen Ideengott.

Du sollst dir kein Bild machen, sagt Gott. Aber wir geben keine Ruhe. Mit Philippus sagen wir zu Jesus: Zeige uns den Vater.

Ihm und uns gibt Jesus die ebenso einfache wie erschütternde Antwort: Wer mich sieht, sieht den Vater. Die Leute in Nazaret sahen weder ihn noch den Vater. Und wir?

Die Eichhörnchen – und der Geist des Herrn

Ich saß am Schreibtisch und sammelte Gedanken für die Pfingstpredigt. Ich schaute aus dem Fenster. Es fiel mir nichts ein. Draußen war es windstill. Aber auf einmal kam Bewegung in die Zweige am Ende des Gartens. Ein Eichhörnchenpaar war unterwegs. Mit einer traumhaften Sicherheit glitten die kleinen Tiere über die Äste. Was ihnen an Ästen fehlte, ersetzten sie durch elegante Sprünge. Ein faszinierendes Bild von Leichtigkeit, von Spiel und Lebenslust. Aber die beiden spielten nicht nur. Sie waren unterwegs zum Pfarrbüro. Unser Pfarrbüro hat nämlich hinter der Garage, im Schatten der Zweige, eine Außenstelle für kleine Tiere. Da gibt es Kerne für Eichhörnchen und Körner für Vögel. Die Tiere wissen, was sie brauchen. Und sie holen es sich. Das Eichhörnchenweibchen nahm dabei den kürzesten Weg ohne Aufenthalt. Das Männchen ließ sich aufhalten und nahm unterwegs noch so allerlei mit, und gewisse Sprünge schienen ihm soviel Vergnügen zu machen, daß es sie öfters wiederholte. Schließlich fand es sich aber auch am Pfarrbüro ein. Und dann fiel mir ein, daß ich wieder eine Viertelstunde vertrödelt hatte und aus der Predigt immer noch nichts geworden war.

Aber dann dachte ich: Vielleicht bis du schon mitten drin. Vielleicht sind die Eichhörnchen ein Gleichnis.

Aber wofür sollen die ein Gleichnis sein? Sind sie nicht deshalb für uns so faszinierend, weil sie gerade das Gegenteil zu uns darstellen: federleicht – wo bei uns so vieles so schwerfällig ist; spielerisch – wo bei uns so vieles so ernsthaft, so humorlos, so lustlos ist; elegant – wo bei uns so vieles so nachlässig, so lieblos, so grob ist.

Wohl ist das so. Aber das muß doch eigentlich nicht sein. Diese Tierchen würden uns ja gar nicht so faszinieren, wenn in uns nicht etwas wäre, was dem entspricht, wenn das nicht eine Sehnsucht träfe: auch so zu sein: leicht, spielerisch, elegant, liebenswert. Aber so etwas denkt man ja kaum zu Ende, da meldet sich schon die andere Wirklichkeit: die ernsthafte, schwerfällige: Hör' auf! Mach' dir nichts vor! Du bist kein Eichhörnchen. Du wirst nie eins sein. Und dann solche Sätze wie heute aus dem Beginn des Epheserbriefes: „Wir sind reich beschenkt... bestimmt zum Lobe seiner Herrlichkeit... durch Christus habt auch ihr das Siegel des verheißenen Geistes empfangen, als ihr den Glauben annahmt.

Der Geist ist der erste Anteil des Erbes... der Erlösung."

Sei besiegelt durch die Gabe Gottes, den heiligen Geist, sagte der Bischof bei der Firmung zu uns. Wo spüren wir den Geist? Uns allen ist er doch gegeben. Ist dieser Geist nicht voller Geheimnis, voller Rätsel? Erhabener Geist Gottes. Wir sind aber doch gar nicht erhaben. Genau da liegt der Fehler. Solange wir den Geist Jesu im Erhabenen suchen, im Übermenschlichen, finden wir ihn nie.

Draußen tauchte jetzt wieder eines der Eichhörnchen auf. Leichtfüßig lief es über die Zweige, die so dünn waren, daß ich sie kaum sah. Das war es!

Ich muß den Geist Jesu woanders suchen: im Kleinen, im Unscheinbaren, auf den kleinen Zweigen der Alltäglichkeit. Und wenn wir den Geist Jesu da suchen, dann finden wir ihn auch: da wo wir einander lieben.

Ich mache mir nichts vor. Ich weiß, daß wir nicht immer lieben. Ich weiß, wie sehr wir oft auf uns selbst bezogen sind. Und dann sind wir schwer und schrecklich ernsthaft, und die anderen können mit uns nicht viel anfangen. Dann haben wir uns seinem Geist entzogen. Aber es gibt doch auch das andere. Wir können auch die Verkrampfungen lösen, uns öffnen. Dann sind wir leicht und voller Freude und den anderen liebenswert. Dann haben wir seinen Geist in uns zugelassen.

Manchmal ärgern wir uns über einen so sehr, daß wir innerlich Schluß machen mit ihm, ihn einfach abschreiben. Dann sind wir schwer und sehr ernsthaft. Aber dann sehen wir den anderen auf einmal wie neu. Verstehen, warum er so war, sehen den, der uns leiden machte, als den Leidenden. Und verzeihen. Dann sind wir leicht und froh und liebens-

wert. Wie schnell sind wir neidisch. Finden das höchst ungerecht, was einer kann und was einer hat – und wir haben das nicht und können das nicht und haben doch kein bißchen weniger guten Willen. Versuchen das dadurch auszugleichen, daß wir jetzt den anderen kleiner machen, nicht gelten lassen, was er hat und was er kann. Das macht uns schwer und sehr ernsthaft, und für die anderen sind wir kein Gewinn. Dann hatten wir uns seinem Geist entzogen. Aber dann können wir es auf einmal auch anders. Können eine Leistung loben, können etwas anerkennen ohne säuerlichen Beigeschmack, können offen und mit einem herzlichen Ton zu einem sagen: Das war gut.
Und dann sind wir leicht und haben selber Freude und sind liebenswert. Dann haben wir seinen Geist in uns zugelassen.
Wie rasch sind wir ungeduldig. Mit anderen und mit uns selber. Ungeduld ist ein Zeichen von Rücksichtslosigkeit. Wir können nicht warten. Es kümmert uns nicht, daß Wachstum und Reife Zeit brauchen. Dann sind wir schwer und ernsthaft und fast unbrauchbar. Dann haben wir uns seinem Geist entzogen.
Aber wir können auch diesen Egoismus lösen. Bewußt Geduld üben. So schwer uns das fällt. Dann sind wir leicht und froh und dem anderen sehr hilfreich. Dann haben wir Jesu Geist in uns zugelassen. Solcher Beispiele lassen sich viele finden. Draußen in meinem Garten standen jetzt die Zweige still. Die Eichhörnchen waren weg. Sie wußten nichts von mir und von dem Gleichnis, das sie für uns geworden sind. Für uns und für den Geist Jesu, der uns so leicht und froh und liebenswert machen kann, wenn wir ihn zulassen.

Ruht ein wenig aus

In den meisten Bundesländern sind im Juli Sommerferien, in Bayern stehen sie dann kurz bevor: Zeit zum Ausruhen für viele. Ist es Zufall oder hat es tiefere Bedeutung, daß wir im heutigen Evangelium die Einladung Jesu an die Apostel hören: Ruht ein wenig aus?
Ehe wir diese freundliche Einladung auf uns beziehen, wollen wir sie im Zusammenhang des Evangeliums sehen.
Jesus hatte die Apostel ausgesandt zu zwei und zwei in die Dörfer und Städte. Das war für sie ein großes Erlebnis. Bisher hatten sie zu Jesu Gefolge gehört, hatten in der zweiten Reihe gestanden. Und nun traten sie zum erstenmal auf wie der Herr selber. Einfache Männer, die früher niemand um ihre Meinung gefragt hatte, sind nun ausgesandt mit einer Botschaft, die über ihre kleine Welt weit hinausgeht. Männer, die niemals eine Rede gehalten hatten, stehen nun auf den Dorfplätzen und in den Gemeindehäusern – und die Menschen hören ihnen zu. Das muß für die Apostel eine ganz beglückende Erfahrung gewesen sein – zu spüren: Sie erreichen die Herzen der Menschen. Jeder Prediger weiß, was für ein Glück das ist, wenn man das in den Sekunden der Stille nach der Predigt spüren darf: Ich habe die Herzen der Menschen erreicht.
Genau so wie Jesus fanden die Apostel aber auch verschlossene Herzen, Menschen, die sich uninteressiert abwenden, Menschen, die gar nicht verstehen, was sie sagen. Sie spüren, daß man nicht alles machen kann.
Eine große Spannung ist in ihnen, als sie jetzt wiederkommen. Noch nie sind sie menschlich so stark gefordert gewesen.
Und nun erzählen sie: einzeln und alle auf einmal. Wovon das Herz voll ist, davon geht der Mund über. Noch nie haben sie soviel von sich gegeben. Und auf einmal spüren sie, wieviel Kraft sie das gekostet hat. Und hier bei Jesus geht es gleich weiter: ein unaufhörliches Kommen und Gehen, so daß sie nicht einmal Zeit zum Essen finden. Da merken sie

ihre Erschöpfung. Was gäben sie jetzt für eine Pause! Und da lädt Jesus sie ein: Ruht ein wenig aus.
Wie wir im Verlauf des Evangeliums erfahren, wird dann nicht viel aus dieser Pause. Die Erholung fällt viel kürzer aus, als sie geplant war. Der „einsame Ort" ist kein ruhiges Plätzchen mehr – vielmehr ist er ein Sammelplatz der vielen, die schon vor ihnen dort ankamen – nicht weil sie Jesus und den Zwölf keine Erholung gönnen, sondern weil sie nicht wissen wohin, verwahrlost wie sie sind, „wie Schafe, die keinen Hirten haben". Und so ist Sein Mitleid mit ihnen am Ende *noch* größer als Sein Verständnis für das Bedürfnis der Apostel nach Ruhe und Entspannung. Aber mir genügt hier völlig Jesu Verständnis. Und das hat er nicht nur für die müden Apostel, dieses Verständnis hat er auch für uns: Ruht euch ein wenig aus. Wir dürfen – nicht nur zur Ferienzeit – die Einladung Jesu auch an uns gerichtet empfinden. Auch wenn wir nicht unterwegs waren auf Missionsreise.
Wieviele setzen ständig ihre ganze Kraft ein, um die Aufgaben zu bewältigen, die ihnen gegeben sind. Wieviele spüren das von Zeit zu Zeit, wieviel Kraft es sie wieder gekostet hat – und sie trauen sich gar nicht, sich ihre Erschöpfung einzugestehen; denn: was hilft das schon, es muß ja weitergehen, wer soll es denn sonst machen? Ich denke an so viele Mütter. Und da sagt Jesus: Nein, es muß nicht ständig so weitergehen. Komm und ruhe ein wenig aus.
Das macht mich sehr froh, daß Jesus das sagt, daß er so menschlich ist, daß er soviel Verständnis hat, daß er unsere Bedürfnisse so gut kennt, daß er weiß, was wir brauchen.
Er will uns Mut machen: Mut zur Muße, Mut zum Ausruhen, Mut zum Spielen, Mut zur Phantasie, Mut zur Freiheit. Für das andere muß uns keiner Mut machen, für die andere Seite unseres Lebens, die gekennzeichnet ist durch Pflicht und Pünktlichkeit, durch Leisten und Müssen. Wir sind ja völlig einverstanden, daß wir arbeiten, uns anstrengen und schwitzen. Mut brauchen wir, damit alles im Rahmen bleibt und nichts verdrängt wird. Wir brauchen Mut,

um zu sagen, daß Muße genau so wichtig ist wie Arbeit, Spielen genau so wichtig wie Leistung. Das gilt nicht nur für *Kinder,* das gilt für Erwachsene genau so.
Lukas berichtet im 10. Kapitel von den beiden Frauen Marta und Maria, in deren Haus Jesus zu Gast ist. Man kann sich das vorstellen, was das für die beiden Gastgeberinnen bedeutet hat: Jesus im Haus zu haben, ihm Gutes zu tun durch kleine Aufmerksamkeiten und durch eine gute Mahlzeit. Da gibt es was zu tun in der Küche! Aber die eine Schwester kommt nicht in die Küche, obwohl da Arbeit ist für zwei. Sie sitzt da und hört einfach zu. Zuhören ist ja mehr als daß einer nichts sagt. Wer zuhört, sieht von sich selber ab. Wer zuhört, läßt den anderen zur Geltung kommen. Wer zuhört, ist frei von sich selbst. Weil Zuhören etwas so Anspruchsvolles ist, können viele nicht richtig zuhören. Sie warten nur, bis der andere eine Pause macht, um gleich selber dran zu sein. Zuhören kann nur einer, der mit seiner eigenen Unruhe fertig wird. Wer richtig zuhört, ist für den anderen eine Erholung. Maria ist es, die Jesus diese Erholung gewährt. Aber auch sich selber tut sie etwas Gutes. Sie wird diese Stunde des Zuhörens nie vergessen. Das kommt nie wieder, daß sie Jesus so ungeteilt und intensiv zuhören kann. Da kann sie sich selber im Zuhören eine Ruhe und eine Erholung bereiten. Marta in der Küche wird immer nervöser. Bestimmt hat sie ihrer Schwester schon mehrfach ein Zeichen gegeben, doch endlich aufzustehen, in die Küche zu kommen und zu arbeiten. Ohne Erfolg. Schließlich wird es Marta zuviel. Sie beschwert sich bei Jesus, daß sie allein alle Arbeit tun muß. Jesus soll der Schwester klarmachen, was deren Pflicht ist. Aber Jesus schickt jetzt nicht die Maria in die Küche, vielmehr lädt er die betriebsame Marta in den Kreis der Zuhörer ein. Nicht, daß er nicht zu schätzen weiß, was sie für ihn tut. Aber es gibt noch Besseres als emsige Tätigkeit. Auch Marta wird eingeladen, einmal auszuruhen.
Manche wollen das gar nicht. Die wollen immer tätig sein. Wenn einer sagt: ich möchte schon, aber ich kann nicht,

dann stimmt etwas nicht, dann müssen andere helfen, die Verhältnisse zu ändern.
Ich danke dir, Herr, daß du uns zum Ausruhen einlädst.

Der Junge mit den fünf Broten

Was ich nicht kann, liebe Leser, ist, Ihnen zu erklären, wie Jesus das „gemacht" hat: mit so wenig Brot soviele Leute satt zu machen. Aber wenn es darum ginge, hätten wir das Evangelium falsch befragt. Dies ist ja kein Protokoll, sondern eine Glaubensgeschichte um einen geschichtlichen Kern. Es läßt sich für uns nur schwer unterscheiden, was tatsächlich im einzelnen geschehen ist und was der Bildhaftigkeit der Botschaft diente. Lesen Sie dazu einmal in dem Buch „Wir entdecken die Bibel" (Herder 1982). Aber Bildhaftigkeit oder geschichtlicher Kern – beides ist für mich die Botschaft der Bibel. Für mich bedeutet dieses Evangelium eine wunderbare Botschaft.

„Hier ist ein kleiner Junge, der hat fünf Brote."

Über den habe ich einmal nachgedacht.

Wir wissen so gut wie nichts von ihm, weder seinen Namen, noch was für ein Mensch das war, noch was später aus ihm geworden ist. Wir wissen auch nicht, wieso er noch so viel Brot bei sich hatte, während die anderen offenbar nichts mehr hatten. Mit der großen Menschenmenge war auch dieser Junge dem Herrn an das Ufer des galiläischen Sees gefolgt. Vielleicht war seine Mutter auch dabei – und von ihm ist nur deshalb die Rede, weil er den Korb trug. Vielleicht.

Vielleicht hatte er zu seiner Mutter gesagt, er ginge ein bißchen mit den anderen, um Jesus zuzuhören, der konnte so wunderbare Geschichten erzählen. Zeit hatten sie ja alle genug. Und die Mutter war einverstanden: Dann treibt er sich wenigstens nicht rum. Aber nimm was zu essen mit. Ich habe aber keinen Hunger. Nimm trotzdem was mit. Aber doch nicht soviel – wer soll das denn alles essen?

Nimm es trotzdem mit. Also gut.

Wie auch immer – jetzt war er natürlich froh, denn allmählich bekam er Hunger. Die anderen bekamen allmählich auch Hunger – aber sie hatten nichts zu essen.

Aber dann steht auf einmal der Andreas vor ihm, einer der

Begleiter Jesu und sieht ihn an und sagt zu ihm: „Du, du sollst mal kommen." Ich? Ja – Du. Bring deinen Korb mit. Das hätte er sowieso gemacht. Der Junge steht auf und geht hinter dem Andreas her – durch die vielen Leute, die ihm nachschauen.

Und dann steht er vor Jesus. Sie sehen sich an: Jesus und dieser Junge. Den Korb hält er mit beiden Händen fest. Für mich ist das ein ganz wichtiges Bild in der Bilderfülle des Neuen Testamentes: Jesus und dieser Junge mit seinen fünf Broten.

Nun heißt es ganz einfach: Dann nahm Jesus die Brote, sprach das Dankgebet und teilte an die Leute aus. Der Junge hat ihm also seine Brote gegeben. Jesus hat ihn bestimmt nicht unter Druck gesetzt. Jesus hat nie einen unter Druck gesetzt. Er hat ihm das Brot gegeben. Warum hat er das getan? Was ging in diesem Jungenkopf vor sich, als er das machte? Ihm war sehr schnell klar, warum er zu Jesus gerufen wurde: Jesus hätte gerne seine Brote gehabt. Um sie an die Leute zu verteilen, das war ihm auch noch klar. Aber genau so klar war ihm, daß das wohl nicht ging: so wenig für so viele. Für die war das aussichtslos zu wenig – und er war sein Brot los. Und die ganze mütterliche Fürsorge war umsonst gewesen. Aber der Junge hat ihm das Brot gegeben. Da muß etwas gewesen sein, was noch entscheidender war als sein Kopfrechnen. Und das war wohl sein Vertrauen zu Jesus. Er weiß auch nicht, was daraus wird – aber er vertraut ihm sein Brot an.

Und so wird aus wenig – viel. Und alle, auch der Junge selber, werden satt. Die Botschaft dieses Evangeliums besteht für mich darin, daß Jesus für die Sättigung der vielen der Hingabe des einen bedarf. Von dem Wenigen des einen wird zuvor von den Aposteln sachkundig festgestellt, daß es *zu wenig* ist. Aber für Jesus ist das nicht zu wenig. Dieser Junge, der ihm sein Brot gibt, ist genau so wichtig für die Sättigung der vielen wie der Herr selber. Und hier sind wir beim entscheidenden Punkt. Hier wird uns etwas mitgeteilt darüber, wie der Herr mit einem namenlosen Menschen zusammenwirkt zum Wohle von vielen. Ein Mensch stellt dem Herrn das Seine zur Verfügung, es ist nicht viel, es ist sogar zu wenig. Aber der Herr nimmt das an und nimmt das ernst. Und viele werden satt. Was ergibt sich daraus, wenn wir das als ein Gleichnis ansehen für uns? Wir können uns nicht nur darin wiederfinden – es kann uns auch richtig Mut machen.

Das ist doch genau unsere Situation. Lange Zeit leben und arbeiten wir drauflos – mit viel Einsatz und oft bis zur Erschöpfung. Und dann hält uns plötzlich etwas an. Wir halten inne, sehen uns um – und machen so etwas wie Bilanz. Fragen uns, was wir alles vorgehabt hatten, was wir aus unserem Leben hatten machen wollen. Fragen uns, was denn daraus geworden *ist* – nicht nur gemessen an unseren Ergebnissen, sondern auch gemessen an den Bedürfnissen der anderen, gemessen an den Erwartungen, die an uns gestellt werden. Und wenn wir dann – im Bild dieses Gleichnisses – zählen, was wir haben, dann bekommen wir vielleicht einen Schrecken: fünf Brote! Was ist das für so viele! So wenig! Zu wenig! Es macht nichts aus, wenn wir statt fünf – zwanzig zählen. Dann hätten wir fünfzehn mehr. Aber die Frage bleibt: Was ist das für so viele? Und mehr wird es jetzt nicht mehr – so alt, wie ich schon bin. Das sind Augenblicke im Leben, da werden viele sehr still. Und wenn das alle Faktoren sind, die in dieser Bilanz vorkommen, dann werden sie nicht nur still, sondern auch traurig. Und nicht wenige werden verbittert und verschlossen. Und haben auf einmal keine Lust mehr, abzugeben. Wenn wir *dann* an diesen Jungen denken würden mit seinen Broten! Wenn wir *dann* an Jesus denken würden, der uns anschaut und wartet. Dem unsere Hingabe genügt. Der nicht zählt, wie wenig wir haben.

Für den zählt, daß wir es ihm geben. Geben – ohne zu zählen.

Brot des Lebens

Warum ich unsere Religion liebe – auch darum, weil sie für die Sinne ist.
Diese Religion spricht mich an in der ganzen Dimension – wie ich ein Mensch bin. Nicht nur geistig. Ich bin ja nicht nur geistig. Ich bin auch leiblich. Ich liebe die Zeichen, die ich mit den Sinnen wahrnehme.
Daß es in dem zentralsten Geheimnis unseres Glaubens Brot zu essen gibt – Brot, von dem Jesus sagt: das Brot bin ich – darüber kann ich mich immer wieder freuen.
Unsere Religion lebt nicht vom Wort allein. Auch vom Sakrament, vom Zeichen. Das ist menschlich.
Wenn wir uns etwas mitteilen, tun wir das oft mit Worten. Aber genau so oft durch Zeichen. Das Lächeln ist so ein Zeichen. Die Hand – und alles, was wir mit ihr tun – ist so ein Zeichen. Ein Geschenk, eine Blume ist so ein Zeichen.
Auch Jesus wollte sich nicht nur in Worten mitteilen. Auf dem Höhepunkt seiner Selbstmitteilung sprach er sich in einem Zeichen aus: Nehmt und eßt. Ich höre manchmal den Einwand: An immer dasselbe Zeichen gewöhnt man sich.
Gewiß – alles, was wir oft tun, ist der Gefahr der Gewöhnung ausgeliefert.
Aber wenn die Zeichen stimmen, dürfen sie oft dieselben sein. Keiner Frau wird das zuviel, wenn ihr Mann ihr immer wieder Blumen schenkt.
Keinem kleinen Kind wird das zuviel, wenn der Vater es immer wieder in die Arme nimmt.
Den Kindern in der Schule wird das nie zuviel, wenn ich ihnen Gummibärchen schenke und ihnen damit zeige, daß ich sie gern habe. Keinem Freundeskreis wird das zuviel, immer wieder mit einem Essen die Freundschaft zu bestätigen.
Keinem Liebenden wird das zuviel, wenn ein Kuß diese Liebe bestätigt. Immer wieder sind es dieselben Zeichen – und nie werden sie zuviel. Dafür, daß Jesus uns seine Zuwendung schenkt, seine Nähe, seine Gegenwart, seine Hingabe – dafür hat Jesus ein Zeichen ausgesucht, das auch niemals

alt, niemals verbraucht ist: Nehmt und eßt – das Brot bin ich. Brot des Lebens!
Denken wir ein wenig über Brot nach.
Alles ist Brot: Nahrungsmittel, Zeichen der Alltäglichkeit, Symbol der Gemeinschaft. So einfach es ist, es ist voller Geheimnis.
Es ist viel passiert, ehe Brot auf den Tisch kommt.
Im Herbst ist es gesät worden. Hat einen Winter lang in der Erde gelegen – wie tot. Wer es nach Monaten sucht, findet es nicht mehr. Aber es ist nicht zu Ende. Es hat sich verwandelt. So schwach wie es ist, wächst es durch die schwere Erde. Es stößt durch. Und wandelt sich in Ähre, Korn und Mehl und Brot.
Vielleicht kennen Sie, liebe Leser, die Geschichte von dem Bäcker in der rue St. Jacques in Paris. Zu dem kamen die Leute nicht nur, weil sein Brot lecker war, sondern weil der so ein besonderer Mensch war: zum Beispiel als der Busfahrer morgens früh in seinen Laden kam. „Sie sehen bedrückt aus“, sagte der alte Bäcker, „was ist los mit Ihnen?“ „Ich habe Sorgen um mein Kind“, sagte der Busfahrer, „es hat einen schlimmen Unfall gehabt.“ Da nahm der Bäcker ein Stangenbrot, schnitt zwei Bissen ab und sagte: „Essen Sie mit mir ein Stückchen Brot, ich will an Sie und Ihr Kind denken.“ So etwas hatte der Busfahrer noch nie erlebt. Er verstand, was der Alte gemeint hatte. Und so aßen sie schweigend und dachten an das Kind im Krankenhaus. Als eine Frau in den Laden kam, gab der Bäcker auch ihr ein Stückchen Brot und sagte: „Essen Sie es mit uns. Das Kind dieses Mannes liegt verletzt im Krankenhaus. Er soll wissen, daß wir ihn nicht allein lassen.“ Brot ist mehr, als daß man davon satt wird.
Viele Wandlungen hatte das Brot schon erlebt, bis Jesus es nahm und ihm eine ganz neue Wandlung gab: „Das Brot bin ich – nehmt und eßt.“
Soweit war noch keiner gegangen. Eine größere Liebe ist nicht denkbar. Keine andere Zuwendung ist intensiver, keine ist so persönlich, so diskret, so verborgen bis zur Unauf-

fälligkeit. „Nehmt und eßt – ich bin das Brot des Lebens." Herr, gib mir das Brot. Du selbst verschenkst dich im Brot. Ich bin weit entfernt, das zu verstehen. Aber zum Verstehen ist das ja auch nicht – sondern zum Annehmen.
Da liegt eine Schwierigkeit eigener Art. Es fällt uns nicht so leicht, anzunehmen. Besonders: Liebe anzunehmen fällt uns nicht so leicht. Sich die Liebe gefallen lassen – das können wir von Kindern lernen.
Die können das noch: die Hand aufhalten und sich ohne das Bedürfnis einer Gegenleistung beschenken lassen.
An zwei Stellen der heiligen Messe wird deutlich, daß wir auch mit dem Leib glauben: bei der Hingabegeste, wenn der Priester die heilige Hostie erhebt, damit wir sie schauen. Dieses Schauen, sagte einer, ist glauben mit den Augen – und bei der heiligen Kommunion, wenn wir unsere leere Hand ausstrecken: Das ist glauben mit den Händen.
Ich will mein Herz öffnen, wie ich meine Hand öffne, wenn ich die heilige Hostie empfange. Dann soll meine leere, offene Hand auch ein Zeichen sein. Überall gelten volle Hände. Je voller – desto besser. Bei dir – Herr – gelten die leeren Hände und die offenen.
Die Hand, mit der wir mit Gott kommunizieren, strecken wir vorher nach links und rechts aus – zur Kommunikation mit den Menschen, die neben uns sind. Beides gehört zusammen. Das eine wird durch das andere glaubwürdig – und ohne das andere unglaubwürdig. Ich kann nicht die Liebe von Jesus empfangen und dann verschlossen sein für Menschen.
Ich kann mir nicht diese Liebe gefallen lassen – und Gleichgültigkeit für einen möglichen Stil halten.
Oder – wie mir einer am Telefon sagte – wir dürfen außerhalb der Kirche nicht so schnell vergessen, was wir in der Messe getan haben.

Steh' auf – und iß! Sonst ist der Weg für dich zu weit

Keiner von uns hat das gezählt – wie oft er schon in seinem Leben die heilige Kommunion empfangen hat. Oft haben wir sie empfangen. Sehr oft.
Wir können sagen, daß die heilige Kommunion zu unserem Leben gehört, und daß wir sie uns gar nicht wegdenken können aus unserem Leben. Als wir sie zum ersten Mal empfingen, war das der Höhepunkt unserer Kindheit – und wie mir die Mutter eines Kommunionkindes schrieb, einer der wenigen Höhepunkte unseres Lebens. Ist es so? Es ist so.
Es ist auch heute noch so. Glauben Sie denen nicht, die sagen, die Erstkommunion sei nur noch eine verbürgerlichte Feierei, und es ginge nur um die Geschenke. Wenn ich nach Monaten der Vorbereitung durch die Mütter den Kindern zum erstenmal am Altar die heilige Kommunion reiche, dann bin ich immer sehr bewegt. Und der Blick aus diesen Kinderaugen, in denen ich soviel einfache und frohe Frömmigkeit sehe, entschädigt mich dann reich dafür, daß ich keine eigenen Kinder habe. Wenn es mir schon so leicht fällt, diese Kinder gern zu haben, wieviel mehr wird Gott diese Kinder lieben. Wieviel Freude wird es ihm machen, sie mit sich zu verbinden in diesem Sakrament.
Aus diesen Kindern, die wir einmal waren, sind die Menschen geworden, die wir heute sind.
Viele Wege sind wir seither gegangen: zielstrebig und im Kreis, übersichtliche Wege und Holzwege, Irrwege und Umwege. Und auf allen diesen Wegen haben wir das Wort gehört: „Steh' auf – und iß, sonst ist der Weg für dich zu weit."
Diesen Satz lesen wir heute in der Lesung aus dem ersten Buch der Könige. Es war der Prophet Elija, zu dem Gott das sagt. Elija erlebte damals seine große Krise. Er war auf der Flucht. Seine Treue zu Gott hatte die anderen nicht daran gehindert, ihn in die Wüste zu schicken. Als er unter dem Ginsterstrauch sitzt, ist er am Ende. Er kann nicht mehr –

und er will auch nicht mehr. Gott läßt ihn zuerst schlafen. Dann erquickt er ihn mit Wasser und frischem Brot: „Steh' auf und iß – sonst ist der Weg für dich zu weit."
Das wird auch uns gesagt, wenn wir die heilige Kommunion empfangen. Nicht immer denken wir uns viel dabei. Und manchmal zu wenig.
An den Lebenswenden denken wir um so mehr nach. Und dann ist es gerade der Empfang der heiligen Kommunion, der uns die Besonderheit der Lebensstunde deutlich macht: wenn einer heiratet; wenn einer die Erstkommunion seines Kindes erlebt; wenn einer einen schweren Verlust erleidet; wenn wir uns einer Gefahr aussetzen müssen, die wir nicht übersehen; wenn wir spüren, daß wir nun den letzten Weg zu gehen haben: aus diesem Leben, das uns vertraut ist – in jenes andere Leben, von dem wir nichts wissen, von dem wir aber glauben, daß es so wirklich ist wie dieses Leben. Und wir, die wir ein Leben lang keine Reise ohne Proviant gemacht haben, wir empfangen dann die heilige Kommunion für diesen letzten Weg als Wegzehrung: o heil'ge Seelenspeise – auf dieser Pilgerreise.
Wenn man das einmal so auf sich wirken läßt im Zusammenhang, dann wird einem bewußt – wie die heilige Kommunion zu unserem Leben gehört – und wie arm unser religiöses Leben wäre ohne die heilige Kommunion.
Wie arm wir wären – ohne dieses Zeichen der Nähe Gottes! Wieviele wünschen sich ein Zeichen der Nähe Gottes? „Nehmt und eßt." Wo spüren wir deutlicher: „Ich bin bei euch – alle Tage" als in diesem Sakrament?
Wie reagieren wir auf dieses Zeichen der Nähe Gottes? Man kann darauf intellektuell reagieren – und dann reagiert man falsch. Unser Verstand will wissen, wie er das begreifen soll: „Nehmt und eßt – das ist mein Leib." Unser Verstand sollte begreifen, daß das nicht zum Begreifen ist. Der Herr will uns nicht auf den Verstand rücken, sondern auf den Leib. Man kann auf das Sakrament moralisch reagieren. Dann wird einem bewußt, wie unwürdig man ist für diese Nähe. Natürlich sind wir unwürdig. Aber auch das dürfen

wir nicht übertreiben. Das hat die Menschen zu anderen Zeiten in große Distanz zum Sakrament gebracht. Angst, sich zu versündigen, hielt sie vom Empfang der heiligen Kommunion ab. Vor dem Empfang der heiligen Kommunion zu beichten, schien jedesmal notwendig. Denken Sie an das enge Nüchternheitsgebot aus unserer Kindheit. Natürlich – sollen wir nicht leichtfertig mit dem Sakrament umgehen und gedankenlos. Aber auch das Gegenteil nicht übertreiben.

Nein – Gott will nicht unerreichbar sein. Er will, daß wir seine Nähe annehmen. Er will, daß wir uns in seine Nähe ziehen lassen. Das sollen wir uns nicht zustellen durch die Unbegreiflichkeit für unseren Verstand.

Und das sollen wir uns nicht zustellen durch die Schranken der Unwürdigkeit. Wir sagen es dem Herrn ja vor jeder Kommunion, daß wir wirklich nicht würdig sind. Aber dann bitten wir ihn von Herzen und mit großem Vertrauen: „Sprich nur ein Wort, dann wird meine Seele gesund." Jesus hat das Sakrament seiner Nähe eingesetzt, nicht damit wir auf Distanz gehen, sondern damit wir seine Nähe auch erfahren, weil wir nämlich seine Nähe brauchen.

Nach einer strengen Moral hätte Judas im Abendmahlsaal die heilige Kommunion nicht empfangen dürfen, weil er den Verrat schon begangen und das Geld schon kassiert hatte und Jesus es am Tisch gesagt hatte, wer ihn verriet. Aber der Herr hat ihn nicht ausgeschlossen. Und den Petrus hat er auch nicht ausgeschlossen, von dem er wußte, wie schäbig der sich gleich verhalten würde. Keiner von uns ist würdig – und keiner wird es begreifen. Wenn wir die heilige Kommunion empfangen, sollen wir uns bewußt machen, daß wir auf seine Nähe zugehen. Und daß er auf unsere Nähe wartet.

„Steh' auf und iß – sonst ist der Weg für dich zu weit", wie sollen wir auf soviel Liebe antworten, wenn nicht mit Ehrfurcht, Dank und Freude!

Brot – hingegeben für das Leben der Welt

Bei einem Glaubensgespräch mit Senioren wurde das heutige Verständnis der Eucharistie verglichen mit dem vor fünfzig Jahren. Es war die übereinstimmende Meinung: Früher war die Eucharistie vor allem ein Sakrament der privaten, der ganz persönlichen Frömmigkeit. Heute ist dieses Verständnis erweitert um den anderen, wichtigen Aspekt, daß es auch das Sakrament der Brüderlichkeit ist, daß wir es bei diesem Sakrament auch mit den anderen, eben den Brüdern und Schwestern, zu tun haben.
Kein Mensch hat mir bei der Vorbereitung auf die Erstkommunion vor fünfundvierzig Jahren etwas davon gesagt, daß ich bei der Kommunion etwas mit den anderen Leuten zu tun hätte. *Meine* Andacht war gefragt. Die Augen sollte ich schließen, alles um mich herum vergessen: Jesus kam zu mir.
Gewiß kam er auch zu anderen, aber damit hatte ich nichts zu tun. Ich war ein einzelner neben anderen einzelnen. Kommunion war etwas Privates zwischen dem Heiland und mir. Es war das Sakrament *meiner* Gottesverehrung. Erst viel später habe ich gelernt, daß es auch das Sakrament der Brüderlichkeit ist.
„Das Brot, das ich geben werde, ist mein Fleisch, ich gebe es hin für das Leben der Welt." Es ist und bleibt wahr: Eucharistie ist *das* Sakrament der Gottesverehrung. Aber es ist auch *das* Sakrament der Brüderlichkeit. Sakrament der Brüderlichkeit ist es aber nur dann, wenn es von Jesus her auch so gemeint war, es ist ja *sein* Vermächtnis – und hineininterpretieren darf keiner etwas. In jeder heiligen Messe hören wir den Priester die Worte Jesu sagen: „Das ist mein Leib, der für euch hingegeben wird."
Eigenartigerweise ist unser Bewußtsein nur bei dem Hauptsatz hellwach: „Das ist mein Leib." Bei dem Nebensatz sind wir schon nicht mehr so aufmerksam dabei: „der für euch hingegeben ist." Wenn dieser Nebensatz aber in unserem Bewußtsein untergeht, dann haben wir auch den Hauptsatz nicht richtig verstanden.

Mein Leib – hingegeben für *euch*. Mein Blut – vergossen für *euch*. Das ist etwas sehr Dynamisches, da wird etwas verschenkt und zugewendet: Mehr Liebe hat keiner, als wer sein Leben verschenkt an seine Freunde: Das ist der Inbegriff von Brüderlichkeit.
Mein Leib – für euch hingegeben. Für euch – und nicht für dich. Wer sollte das denn auch sein: für dich allein, aber auch nicht für jeden einzelnen allein: für dich, und dich, und dich.
Nein – so sagt Jesus das eben nicht, sondern im offenen Plural: für euch.
Wenn wir fragen, wie ist Jesus in der Eucharistie gegenwärtig, dann versuchen wir uns in philosophischen Gedanken darüber, wie wir das verstehen sollen: Das ist mein Leib. Und über der Schwierigkeit, das zu verstehen oder nicht zu verstehen, verlieren wir das Wichtigste aus dem Auge: Jesus ist in der Eucharistie gegenwärtig als einer, der sich verschenkt. Wir empfangen ihn als einen, der sich an uns hingibt. Das ist auch nicht zu verstehen, aber das kann man annehmen. Von Jesus aus gesehen, ist das überhaupt nicht zu übersehen: Die Eucharistie ist auch das Sakrament der Brüderlichkeit. Von Jesus aus gesehen. Wie sieht das von uns her aus?
Natürlich möchte Jesus auf seine Hingabe eine Antwort haben. Unsere Antwort kann sich nicht darin erschöpfen, daß wir sagen: danke.
Ich bin nicht die Endstation dieser Bewegung. Jesus will uns abholen. Uns mit auf den Weg nehmen, auf diesen dynamischen Weg der Hingabe, des Verschenkens, des Daseins für andere.
Unsere Antwort auf seine Hingabe an uns kann nur bestehen in unserem Dasein füreinander. Er für uns – und wir füreinander.
Wenn uns etwas anstecken will zur Brüderlichkeit, dann ist es der Empfang dieses Sakramentes. Jede Kommunion will uns wandeln. Wir sollen gewandelt werden: von der Ichbezogenheit in den offenen Plural. Wir sollen gewandelt wer-

den von vielen einzelnen in die Gemeinschaft von Brüdern und Schwestern.

Die Gemeinde von Korinth hatte die schöne Gewohnheit, die Eucharistiefeier einzuleiten mit einem gemeinsamen Abendessen. Aber das artet schon nach wenigen Jahrzehnten aus: Zwar essen sie noch gleichzeitig – aber nicht mehr als Gemeinschaft: Jeder denkt an sich, jeder ißt, was er für sich mitbringt. „So eßt und trinkt ihr euch das Gericht", schreibt Paulus ihnen, „ihr könnt ja den Leib des Herrn nicht mehr unterscheiden (nicht unterscheiden von gewöhnlichem Brot, darum ging es nicht), ihr begreift nicht mehr, daß es ein hingegebener Leib ist, verschenkt an euch, damit ihr euch weiterverschenkt. Das ist doch kein Liebesmahl, was ihr da macht. Wenn ihr kein Liebesmahl mehr feiern könnt", schreibt Paulus, „dann bleibt besser zu Hause. Ist euch denn die Gemeinschaft nichts mehr wert, daß ihr einander so beschämt?"

Nun – wir wären ja keine Realisten, wenn wir nicht wüßten, wie anstrengend das Zusammenleben der Menschen ist. Das nervt alle, das kostet Kraft. Das verursacht Enttäuschungen und Verletzungen. Dann möchte man am liebsten die Tür hinter sich zumachen, wo man seine Ruhe hat. Da brauchen wir eine Kraft, uns für die anderen wieder zu öffnen. Diese Kraft kann die Eucharistie sein: Sakrament der Brüderlichkeit. Wo Menschen zusammenleben, sind sie sich eine Aufgabe – die will bewältigt werden. Das geht nicht von selbst. Daran sollten wir auch denken, wenn wir die heilige Kommunion empfangen: das Brot, in dem *Er* sich hingibt für das Leben der Welt.

Wenn wir die Kommunion empfangen haben an der Stufe des Altares, dann drehen wir uns um – und gehen an unseren Platz zurück. Ja, das auch. Man kann es aber auch noch anders sehen:

Wenn der Herr sich uns geschenkt hat, wendet er uns um. Wir gehen in die Gemeinde hinein. Wir gehen zu den Brüdern und Schwestern. Wenigstens dieser kleine Weg von der Kommunion zu unserem Platz durch die Leute – nein, nicht durch die Leute, in die Gemeinschaft der anderen – soll uns daran erinnern: Wir haben das Sakrament der Hingabe empfangen, das Sakrament der Gottesverehrung *und* der Brüderlichkeit.

Du hast Worte des ewigen Lebens

Die Krise bricht aus im Gemeindehaus von Kafarnaum. „Wer meinen Leib ißt und mein Blut trinkt, der bleibt in mir." Das geht zu weit! Viele seiner Anhänger sind verärgert und verunsichert, wissen nicht mehr, was sie davon – was sie von ihm – halten sollen. Sie schütteln den Kopf und verlassen ihn und gehen nach Hause.

Wie hätten wir da reagiert an Stelle von Jesus? Es ist schlimm, wenn sich die Reihen derart lichten! Was machen jetzt die anderen? Bleiben die wenigstens treu, gehen die etwa auch? Würden wir zu denen, die noch unentschlossen dastehen, sagen: „Es ist alles nur ein Mißverständnis! Ich will euch alles erklären!" Oder würden wir uns in diesem Augenblick, wo es um alles geht, aufs Bitten verlegen: „Auf euch kann ich doch hoffentlich zählen! Ihr laßt mich doch nicht auch im Stich!"

Nichts davon. Mit einer Ruhe, in der keine Spur von Fatalismus ist, fragt er die Zwölf: „Wollt nicht auch ihr gehen?" Und dann die Antwort des Petrus, die ganz allein genügt, diesen Menschen liebzuhaben: „Wohin sollen wir denn gehen? Du hast Worte des ewigen Lebens." Versuchen wir, das ein wenig zu verspüren. Lassen wir uns von seinem Wort und seinem Geist berühren.

Für Jesus haben Wert und Unwert eines Menschen ganz andere Maße: Nicht das Äußere zählt, sondern das Innere. Nicht Amt und Geltung, Titel und Vermögen, sondern die Gesinnung des Herzens.

Gewalt ist niemals ein Mittel. Reichtum kommt nicht zustande durch Nehmen.

Jeder besitzt soviel, wie er verschenkt. Wer Angst hat – und nichts verlieren will, wird alles verlieren.

Den Menschen, die so angestrengt auf der Suche nach sich selber sind, zeigt er, wie sie sich finden können: nicht indem sie sich fortwährend mit sich selbst beschäftigen, sondern indem sie sich vergessen.

Seine Jünger holt er sich nicht aus den einflußreichen Posi-

tionen der Macht. Nicht Können und Leistung qualifizieren diese galiläischen Fischer dazu, Menschenfischer zu werden, sondern daß sie ihr Herz an die Angel hängen.
Als sie wissen wollen, wer von ihnen der Größte ist – ein Spiel, das wir nie lassen können, und das wir in unendlichen Variationen immer neu spielen – da gibt er ihnen eine Antwort, die sie nie vergessen. Er ruft ein Kind, das auf der Straße spielt, nimmt es in den Arm und sagt: „Der Größte, das ist der, der von sich selbst nicht größer denkt als dieses Kind", und er entläßt das Kind wieder in sein Spiel.
Seine Rechenkunst zählt anders. Geduld ist unerläßlich.
Allen Ungeduldigen erzählt er die Geschichte von dem Mann, der seit drei Jahren vergeblich darauf wartet, daß sein Baum Frucht bringt. Drei Jahre, das ist viel. Nun reicht es dem Mann. Hau' ihn um, sagt er zu seinem Gärtner. Und der sagt: Ich will noch einmal graben und düngen, vielleicht bringt er dann Frucht. Vielleicht – sicher ist das nicht. Da wird uns Unduldsamen gezeigt, wie groß die Geduld sein muß für den, der von anderen etwas erwartet. Und wie groß die Geduld sein muß für den, der von sich selber etwas erwartet. Wie oft versündigen wir uns an uns selbst durch Ungeduld.
Und denen, die vor lauter Erfahrungen von Vergeblichkeit den Sinn nicht mehr sehen, erzählt er die Geschichte von dem Bauer, dem ein Teil des Saatgutes auf dem Weg verlorengeht, ein Teil auf schlechtem Boden, ein Teil im Unkraut. Ja, sagt er, das ist schade. Aber gräme dich doch nicht bloß über das, was du verschüttest. Sei doch nicht so blind für das, was aufgeht. Freu' dich darüber. Denke nicht, daß du verantwortlich bist für alles. Sei gelassen: säen und weitergehen.
Glaubwürdig ist für Jesus nur die Liebe.
Und damit wartet er nicht, bis der andere damit anfängt. Er weiß, wie töricht das ist, einen Menschen erst dann zu lieben, wenn er es verdient hat. Er weiß, daß der Mensch gut wird dadurch, daß er geliebt wird. Er nimmt sie alle an, wie sie sind.

Den verachteten, geldgierigen Zöllner, den keiner leiden kann – und den er glücklich macht und verwandelt dadurch, daß er zu ihm sagt: Heute möchte ich dein Gast sein. Die stadtbekannte Dirne, Lustobjekt, aber ungeliebt, die er glücklich macht und verwandelt dadurch, daß er sie nicht verurteilt. Seinen Freund Petrus, der vor der Gefangennahme den Mund so voll genommen hatte und der ihn so schäbig im Stich läßt, den er glücklich macht und verwandelt dadurch, daß er alles wegräumt mit der einen Frage: Liebst du mich? Da lernen sie ein Herz kennen, das durch Enttäuschungen nicht enger und verschlossener wird, sondern das nach allen Rückschlägen nur neue Wege sucht, den anderen zu erreichen.

Einmal streichelt er ein Kind, das eine Mutter auf dem Arm hat.

„Von diesem Kind“, sagt er, „könnt ihr alles lernen!“ Jedesmal, wenn ich ein Kindchen taufe, muß ich an diesen Satz denken – wie wahr das ist. So klein so ein Kindchen auch ist, es hat schon ganz entscheidende Erfahrungen gemacht: Geborgenheit – da sind Menschen, die geben mir, was ich brauche. Auf diese Geborgenheit antwortet das Kindchen mit Vertrauen. Das ist seine größte Kraft. Lernt davon, sagt Jesus, wenn ihr in den schwierigen Prozessen des Reifens meint, alles von euch selber erwarten zu müssen und so euer Herz überfordert.

Lernt Vertrauen: von jedem Vögelchen, von jedem Gänseblümchen. Ihr Sorgenvollen! Ich weiß, daß ihr viele Sorgen habt. Ihr könnt sie nicht vermeiden. Aber ich will euch zeigen, wohin mit euren Sorgen.

Wohin sollen wir denn gehen? Das fragen wir uns auch. Und mit Petrus spüren wir: „Du hast Worte des ewigen Lebens.“

Enge Pharisäer

Woran ist Jesus gescheitert? Was sind das für Menschen, die Jesus so gründlich mißverstehen, daß sie ihn für gottlos halten? Was sind das für Menschen, die mit ihm sprechen – nur, um ihm eine Falle zu stellen? Was sind das für Menschen, die meinen, einen Gottes-Dienst besonderer Art zu leisten, wenn sie Jesus bekämpfen – ja ihn töten? Wie ist ein Herz beschaffen, das Jesus haßt? Es waren die engen Herzen, die ihn nicht begriffen haben. Es waren die krämerischen Seelen, die sich auflehnten gegen soviel Weite, die sich verschwendet. Es waren die Frommen, die Gott nicht erkannten, weil sie sich durch Bilder festgelegt hatten.

Es wäre ungerecht, die Pharisäer hier zu verallgemeinern. Es gab sie ja – die redlichen, treuen Pharisäer, die offen waren für Gott und sein Wort. Mit denen hat Jesus sich nicht angelegt. Aber mit den engen, festgelegten Pharisäern. Die gehören zu den tragischsten Gestalten, weil sie es nämlich auch gut meinen, und ich denke gar nicht daran, jetzt eine Karikatur dieses Pharisäers zu malen – und mich über ihn lächerlich zu machen. Dafür ist die Sache viel zu ernst – und dieser Pharisäer in uns selbst ist eine ständige Versuchung, vor der wir nicht genug auf der Hut sein können. Auch wir machen unsere schlimmsten Fehler immer dann, wenn wir besten Willens sind: Dann sind wir nämlich blind für die Wirklichkeit – aber voller Eifer. Das macht uns dann so unangreifbar und so schwer erreichbar für die anderen. Wachsamkeit lohnt sich: Da wo unsere größten Stärken sind, genau da sind auch unsere größten Schwächen. Das klingt paradox – stimmt aber, wie jeder bei sich selber feststellen kann. Wer das nicht glaubt, braucht bloß die anderen zu fragen – die lächeln und wissen Bescheid.

Nein, keiner kann diesem engen und festgelegten Pharisäer – nur von ihm ist im folgenden die Rede – seinen guten Willen absprechen. Er nimmt die Gesetze ernst wie keiner. Er verlangt viel von sich. Er hat Leistungen aufzuweisen, welche die Schwachen nur verlegen machen. Aber all seine

Leistung beruht auf einem gründlichen Mißverständnis: daß es nämlich auf seine Leistung ankommt. Er hat einen Vertrag mit Gott. Er leistet dies und das (im ganzen allerhand), und dafür schuldet ihm Gott sein Wohlgefallen. Noch einmal: So zu denken ist menschlich verständlich aber gefährlich! Man kann nicht religiös sein – wie man einen Sparvertrag abschließt – da weiß ich auf Heller und Pfennig, was ich einzuzahlen habe und was am Ende für mich herauskommt.
Weil dem Pharisäer die Einhaltung der Tarife saure Mühe macht, wacht er eifersüchtig darüber, daß niemand die Tarife ändert und daß alle sie einhalten.
Ohne daß er es merkt, nehmen die Gesetze für ihn einen Stellenwert ein, der ihnen nicht zukommt: Er verliert aus dem Auge, daß alle Gesetze und Regeln für den Menschen da sind. Schnell bekommt das alles einen Selbstwert – und das Herz wird starr und eng. Nicht der Mensch steht jetzt an erster Stelle, sondern die Regel. Auch aus religiösen Regeln und Gesetzen kann man eine Mauer zwischen Gott und Mensch aufrichten. Von allen Mauern ist das vielleicht die stärkste: Sie sieht nicht nach Mauer aus, weil Religion daraufsteht. Und als Jesus die Mauer öffnet, da spüren sie die Bedrohung und kommen zu der schrecklichen Konsequenz: Er muß sterben. Im Grunde baut der Pharisäer diese Mauer nicht zwischen sich und Gott: Er baut sie um sich selbst. Er ist zu stark auf sich bezogen, das macht einsam und arm.
Die Krankheit eines Menschen ist für sie nicht der Gegenstand ihres Mitleids, sondern ein Anlaß, gegen ihn vorzugehen. Als er in die Synagoge kommt, schauen sie alle auf den Mann mit der verdorrten Hand – nicht aus Mitgefühl. Gleich wird der Mann seine Hand ausstrecken und Jesus bitten: Hilf mir. Wird Jesus es wagen? Heute ist Sabbat. Da darf nicht geheilt werden. Was für eine Vorstellung! Behandelt wird nur gegen Krankenschein. Nach Ladenschluß darf kein Brot verkauft werden – auch nicht an die, die Hunger haben. Gesetz ist Gesetz. Jesus sieht sie an, der Reihe nach, voll Zorn und Traurigkeit über so enge Herzen.

Ist das denn möglich, daß Menschen so fixiert sind auf ihre Ideen, daß sie nichts anderes mehr sehen? Das ist möglich. Ist das möglich, daß Menschen einen Leidenden nicht sehen, dessen einziges Verlangen es ist, seine Hand wieder zu gebrauchen? Das ist möglich. Ist das möglich, daß ihnen die Barmherzigkeit nichts mehr bedeutet, daß sie die Liebe nicht mehr spüren, die sich über dieses Leid erbarmen will? Das ist möglich. Für niemand findet Jesus so harte Worte wie für sie. Er demaskiert sie, nennt sie Heuchler, blinde Führer, Natterngezücht, übertünchte Gräber.

Bedenken wir es wohl. Der Pharisäer lebt. Lebt auch als Möglichkeit in uns. Die Versuchung ist so groß: Am Anfang steht immer der Wille, dem großen Gott zu entsprechen. Aber unser Herz verbündet sich nicht nur mit der Größe, ebenso gern verbündet es sich mit der Festlegung, will wissen, woran es ist. Es leistet dies – und erhält das. Und schnell setzt die Eifersucht ein, wenn andere es nicht auch so tun. Vorurteile, Klischees, Denkfaulheit – soll mal einer sagen, er sei frei davon.

Wie schwer ist es, das Herz weit zu halten. Weit – und offen.

Wenn Kinder mir ihr Poesiealbum bringen, schreibe ich ihnen gern einen Satz von Ernst Wiechert hinein: „Ein weites Herz muß man haben – denn in ein weites Herz geht die ganze Welt hinein." Das ist auch leichter geschrieben als getan. Jesus hat dieses weite Herz, in das die ganze Welt hineinging, das spürten sie damals wohl. Sein weites Herz ist ansteckend. Und niemals hat es an dem Verlangen gefehlt, das eigene Herz nach seinem Herzen zu bilden. Auch so mit den Menschen umzugehen. Nicht zu sagen: Es ist Sabbat. Sondern zu sagen: Streck' deine Hand aus. Am Ende eines seiner Gedichte heißt es bei Ernst Wiechert: „Und gib, daß es mir niemals fehlt an dem, wonach ihr Herz sich quält: ein bißchen Brot und viel Erbarmen."

Lege deinen Finger in mein Ohr

Ich habe einmal eine ältere Frau besucht, die konnte durch eine Nervenstörung nicht mehr sprechen. Worte und Sätze, die sie dachte, konnte sie nicht mehr mitteilen. Sie litt unter ihrer Stummheit – und weinte.

In seinem Heiligenstädter Testament schreibt Beethoven: „O, ihr Menschen, die ihr mich für ablehnend und störrisch haltet, wie unrecht tut ihr mir. Seit sechs Jahren hat ein heilloser Zustand mich befallen: was für eine Demütigung, wenn andere eine Flöte hören – und ich nichts höre. Schreit, ihr Menschen, denn ich bin taub."

Das ist schlimm: stumm sein und taub als organisches Leiden.

So ein Taubstummer begegnet Jesus. Als ich einmal mit Jugendlichen einen Abend lang über dieses Evangelium gesprochen habe, fanden sie in dem Taubstummen sofort den Menschen von heute wieder: uns! Es gibt eine Art von Taubstummheit, sagten sie, die ist nicht weniger schlimm – aber die ist kein Einzelschicksal, sondern so verbreitet wie Kreislaufstörungen: Das ist, wenn unser Herz taub wird und stumm. Und davon sind Millionen befallen, wir brauchen sie nicht zu suchen – wir gehören ja selber dazu. Wohl ist noch nie soviel gesprochen worden wie heute, das stimmt – es ist aber auch noch nie soviel dummes Zeug geredet worden wie heute. Aber darauf wollten die Jugendlichen ja gerade aufmerksam machen: Wir sind stumm geworden unter unseren vielen Wörtern – wir sind taub geworden unter allem Lärm.

Wenn ich nach tieferen Gründen suche, warum das so ist, fallen mir zwei ein. Vielleicht stimmen Sie, liebe Leser, dem zu.

Unsere *Herzenstaubheit,* also die Unfähigkeit, mit dem Herzen zu hören, was an unsere Ohren dringt, rührt oft daher, daß wir zu sehr mit uns selber beschäftigt sind. Es ist keine Frage, die Fähigkeit zuzuhören, nimmt ab. Achten Sie einmal bei Gesprächen darauf, wie miserabel zugehört wird.

Wie viele Gespräche verunglücken, weil einer den anderen ständig unterbricht. Es fehlt an Geduld.
Manchmal sitzen wir im Gespräch ruhig da, unterbrechen den anderen nicht, aber wir sind innen ganz woanders. Vielleicht, weil wir mit einer Sache nicht fertig werden und davon nicht loskommen; vielleicht, weil wir jetzt einen zu großen inneren Abstand zu dem haben, der zu uns spricht: Man kann auch innerlich so weit von einem weg sein, daß man ihn nicht mehr verstehen kann. Manchmal sind wir in einer Abwehrhaltung, das kann man bewußt sein, dann ist das wie geschlossene Türen – das kann man auch unbewußt sein: Man läßt etwas einfach nicht an sich heran, weil man sich dem nicht gewachsen fühlt; weil man die Konsequenzen fürchtet; weil man sich nicht einlassen will.
Wenn wir beim Zuhören uns selbst vergessen könnten, wenn wir beim Zuhören dächten: Es gibt keinen wichtigeren Menschen als den, der jetzt mit mir spicht – es gibt nichts Wichtigeres als das, was der mir jetzt sagt: was er mir mit Worten sagt und was er mir mit Worten so gerne sagen würde, was er aber nicht sagen kann, was ich behutsam zwischen seinen Worten hören muß. Wenn wir beim Zuhören überhaupt nicht mehr mit uns selbst beschäftigt wären – dann begänne die Wohltat des Zuhörens, eine der größten Wohltaten, die wir einander bereiten können, die zudem nichts kostet – oder eben doch soviel!
Ein zweiter Grund, der für unsere *Herzensstummheit,* also die Unfähigkeit zu sagen, was wir meinen, rührt daher, daß wir oft nicht den Mut dazu haben.
Natürlich gibt es dafür Gründe: die Unsicherheit, ob wir das so sagen können, daß es ankommt; die Unsicherheit, wie wir dastehen, wenn wir es gesagt haben; ob es ohne Kränkungen abgeht. Aber: wieviel Belastungen könnten abgelegt werden, wenn einer sich ein Herz faßt und eine Mitteilung macht, die den anderen befreit. Wieviel Verständnis würde entstehen, wenn einer sein Herz zeigt statt mühsam: Fassaden. Aber die Angst, daß man enttäuscht wird, weil der andere nicht versteht!

Wieviele Spannungen könnten behoben werden, wenn einer den Mut hätte zu sagen, was ihn bedrückt, was er sich anders wünscht – und dem anderen ein Signal gibt, daß auch der das einmal sagen kann.
Mancher denkt: Das habe ich versucht, es bringt nichts, am Ende stehe ich dümmer da als vorher. Also reden wir weiter unsere Belanglosigkeiten und bleiben hinter vielen Worten – was wir sind: stumm. Resignation!
Ich wehre mich mit allen Gedanken und Empfindungen gegen diese Resignation – und ich weiß zugleich, wie oft ich ihr erliege. Aber das Evangelium will uns nicht nur mit unserer Taubstummheit konfrontieren – es will auch die Taubstummheit unseres Herzens konfrontieren mit Jesus.
Damit Jesus dem Menschen helfen konnte, mußten die anderen mit ihm zu Jesus gehen. Damit Jesus ihm helfen konnte, mußte Jesus ihn abseits nehmen. Da konfrontiert der Mensch ohne Beschönigung sein Leiden mit dem Herrn.
Hier entsteht eine neue Intimität: Der Mensch zeigt Jesus seine Schwäche – und indem Jesus seine Ohren und seine Zunge berührt, läßt er sich auf ihn ein.
Herr, lege deinen Finger in mein Ohr.

Für wen haltet ihr mich?

So fragen wir gelegentlich auch. Und wenn wir so fragen, dann wollen wir wissen, wo wir mit den anderen dran sind. Wenn wir so fragen, dann hört man unsere Enttäuschung heraus: Wir fühlen uns mißverstanden oder unterbewertet oder ausgenutzt.

Auch Jesus fragte so. Er fragt nicht aus einer Enttäuschung heraus. Aber wissen wo er dran ist, will er auch. Damals ging die Frage an die Jünger. Heute geht sie an uns.

Ehe wir über die Antwort nachdenken, die wir heute darauf geben können, wollen wir den Zusammenhang sehen, in dem Jesus die Frage damals stellte. Dieser Zusammenhang ist bei Lukas sehr wichtig. In der Anordnung des Lukasevangeliums folgt auf die Kindheitsgeschichte das Wirken Jesu in seiner Heimat Galiläa: was sich zugetragen hat am See Gennesaret, in Naïn, in Kafarnaum, in Nazaret, die Berufung der Jünger, die Wahl der Apostel, die Bergpredigt. Dann gibt es bei Lukas eine Zäsur: Der ganze dritte Teil seines Evangeliums ist überschrieben: unterwegs nach Jerusalem.

Das ist nun nicht eine beliebige Wanderung, das ist nicht der Besuch der Hauptstadt, die Jesus nicht auslassen will – das ist der Weg der Entscheidung – an dessen Ende steht sein Tod.

Jesus hat die Entscheidung getroffen. Er will aber denen nichts vormachen, die sich auf ihn einlassen. Auch sie müssen sich auf diesem Weg entscheiden. Und das können sie nur, wenn sie sich darüber klar sind, wer er ist. Also: Für wen halten mich die Leute? Die Antworten sind verblüffend: Sie sind alle falsch. Nicht, daß die Leute keine Meinung von ihm haben. Sie haben sogar genaue Vorstellungen davon, wer er ist. Aber jeder verwechselt ihn mit jemand anderem. Für keinen ist er der, der er wirklich ist. Sie hören zwar, was er sagt. Sie sehen, was er tut. Sie wissen, wie er lebt. Aber sie halten ihn für jemand anderen. Sie haben ihre Bilder, ihre Denkmuster, in die wird er einsortiert. Aber das

genügt Jesus nicht. Es genügt ihm nicht, unter die Religiösen einsortiert zu werden. Auf keinen Fall genügt ihm das bei denen, die sich für ihn entschieden haben: seine Jünger. Und ihr, fragt er sie, für wen haltet ihr mich denn?
Der Weg nach Jerusalem ist immer. Und heute kommt diese Frage an uns. Was antworten wir darauf?
Ist darauf überhaupt eine allgemeine Antwort denkbar? Muß das nicht jeder ganz persönlich und für sich alleine tun? Ja.
Aber wir können vielleicht miteinander überlegen, worauf es bei dieser Antwort ankommt.
Auf die Frage, für wen ich Jesus halte, kann ich mit Formeln antworten, mit Glaubenssätzen, mit Dogmatikbüchern. Dann kann ich sagen: Ich halte Jesus für Gottes eingeborenen Sohn, unseren Herrn, für Gott von Gott, Licht vom Lichte, für gezeugt – nicht geschaffen, eines Wesens mit dem Vater.
Wenn das meine ganze Antwort ist auf Jesu Frage, für wen ich ihn halte, dann ist meine Antwort nicht falsch – aber mit Formeln wird Jesus schwerlich zufrieden sein. Und ich kann es auch nicht.
Indem er uns fragt, sind wir selbst die Gefragten. Unser Herz ist gefragt, nicht unser Verstand. Er fragt als einer, dem an uns etwas liegt. Und der nichts anderes will, als daß uns an ihm etwas liegt.
Er fragt wie die Liebenden fragen. Er will, daß wir aus unseren Reserven herauskommen. Er weiß, was für eine Herausforderung seine Frage darstellt.
Und hier liegt unser Dilemma: nämlich wie weit lassen wir uns wirklich auf Jesus ein? Das ist eine Frage, die können wir überhaupt nicht mit Sätzen beantworten – sondern nur mit unserem Leben.
Nun können wir sagen: Wir lassen uns doch auf Jesus ein. Wir würden diese Gedanken ja gar nicht lesen und schreiben, wenn wir das nicht täten. Jesus bedeutet uns etwas. Er bedeutet auch vielen etwas, die sich nicht zur Kirche zählen. Und er hat ja sogar gesagt, daß sich beim Gericht viele wun-

dern werden, was sie bereits mit ihm zu tun hatten, als sie noch gar nichts von ihm wußten. *Wir* wissen von Kind an von ihm. Nun hat das ja auch etwas Wunderbares, von klein an in dieser Religion zu Hause zu sein. Nur hat das, wie wir wissen, die Gefahr der Gewöhnung, und der Vermischung mit dem menschlich/allzumenschlichen. Ida Friederike Görres hat in den sechziger Jahren ein gescheites Buch geschrieben: „Der karierte Christ".

So ist es! Wir sind nicht schwarz oder weiß, sondern kariert in allen Variationen. Wir möchten alles zugleich haben: Jesus nachfolgen – aber uns nicht verlassen; das Kreuz nehmen – aber uns nicht wehtun; unser Leben retten – es aber nicht verlieren; die Welt gewinnen – aber keinen Schaden leiden; ein Christ sein: weil Jesus die überzeugendste Möglichkeit ist, ein Mensch zu sein – aber gleichzeitig unseren menschlichen Regungen nachgeben, von denen wir genau wissen, daß sie nicht immer Jesu Art sind, ein Mensch zu sein; wir möchten uns um den Nächsten kümmern wie Jesus – und haben oft den Kopf so voll von uns selber, daß wir gar nicht merken, an wem wir alles vorbeigehen.

Karierte Christen, sagte diese kluge Frau. Ist das denn so unvereinbar miteinander? Soll uns denn hier der Mut genommen werden, weil wir das doch nie schaffen? Nein – wenn Jesus etwas will, dann will er uns Mut machen.

Aber ein bißchen Unruhe tut uns gut. Die Unruhe, daß Christsein nicht so sehr mit Formeln zu tun hat sondern vielmehr mit dem Leben. Für wen haltet ihr mich?

Es wäre ganz gut, wenn uns diese Frage öfter einfallen würde bei unseren verschiedenen Reaktionen der Enttäuschung, des Ärgers, der Müdigkeit, der Vergeblichkeit, der Freude und der Traurigkeit. Gerade an unseren Reaktionen im Alltag können wir ablesen, wie ernst es uns ist, so zu denken, zu urteilen, zu entscheiden wie Jesus es in der Situation tun würde. Dann merken wir, für wen wir ihn halten.

Letzte als Erste

Wie kann der Mensch mit Gott in Berührung kommen? Auf diese Frage gab Jesus einmal eine verblüffende Antwort. Wir werden diese Antwort in ihrem ganzen Ausmaß verstehen, wenn wir den Hintergrund sehen, vor dem sie sich abspielt. Versuchen wir, uns in Jesu Situation zu versetzen. Nehmen wir es ganz persönlich. Stellen wir uns vor, einer von uns wird in jungen Jahren damit konfrontiert, daß sein Leben bald zu Ende geht. Nichts schneidet so in das Bewußtsein, in alles Denken und Planen ein.

Stellen wir uns vor, daß dieser Mensch mit allen seinen Kräften versucht, das zu bewältigen. Denken wir weiter, daß dieser Mensch gläubig ist. Das nimmt dem bevorstehenden Tod nichts von seiner Schwere, aber es hilft ihm, damit zu leben und über den Punkt hinauszudenken.

Und nun versammelt dieser Mensch um sich – die, die ihm lieb sind. Und faßt sich ein Herz und sagt ihnen, wie es um ihn steht. Zu anderen über den eigenen Tod sprechen, ist eine schwierige Sache und eine besondere Intimität. Er erwartet nicht, daß die anderen sein Schicksal wenden. Aber er erwartet, daß sie ihn nicht allein lassen damit, daß sie sich ebenso wie er selber, konfrontieren, daß sie mit ihm aushalten. Aber er wird enttäuscht. In einer Mischung aus Verlegenheit, Scheu und falscher Rücksicht gehen sie nicht ein auf das, was er gesagt hat. Keinen Schritt gehen sie auf ihn zu. Sie bleiben unter sich und reden über sich und machen sich Gedanken über das uralte Thema: „Wieviel bin ich mehr als du? Wer ist der Größte?“ Ich glaube, wer so eine Reaktion erlebt hat von denen, die ihm lieb sind, der ist tief enttäuscht und sehr allein.

So ist es Jesus mit den Jüngern passiert. Wie reagiert er darauf? Jesus steckt die Enttäuschung ein. Er steckt das nicht nur ein, er geht auch noch auf ihr menschlich/allzumenschliches Problem ein.

Das ist eine wunderbare innere Freiheit, die ich gerne lernen möchte. Diese wunderbare Freiheit Jesu nach einer solchen

Enttäuschung – das ist der Hintergrund für das, was Jesus nun sagt.
Jesus läßt sich also ein auf ihr Problem: Wieviel bin ich mehr als du – wer ist der Größte? Es ist das Problem der Macht. Der Machttrieb ist von allen der stärkste. Kein Trieb verursacht soviel Leid und Streit. Wenn man sorgsam hinsieht, bestehen viele Konflikte unter Menschen in nichts anderem als in der Rivalität der Macht. Ich will alles für dich tun, wenn du dich mir unterwirfst.
Und ich gebe keine Ruhe, bis ich dich überwunden habe. Was haben Menschen sich an diesem Problem wundgerieben. Was haben sie einander – bewußt oder unbewußt – an Kränkungen und Leid zugefügt?
Jesus nimmt das Problem auf und nimmt es ernst. Er hat nicht einmal etwas dagegen, daß einer der Größte sein will. Aber er sagt auch genau, wie man das macht.
Wenn du nach oben willst, dann begib dich nach unten. Wenn du die Nummer 1 sein willst, dann tritt aus dem Vordergrund ab. Wenn du Herr sein willst, dann binde dir die Schürze um.
Hier ist ein Mißverständnis zu klären. Jesus meint nicht, daß wir uns zum Trottel für die anderen machen sollen, daß man uns ausnutzen, unterbuttern kann, daß andere uns treten dürfen, daß wir die bedienen, die unsere Würde verletzen.
Aber Jesus meint, daß Größe in etwas ganz anderem besteht als im Geltenwollen, im Glänzen vor anderen, im Anerkanntseinmüssen.
Nicht so kann man Größe messen, sagt Jesus, sondern indem man sich zuwendet dem Kleinen, dem Unbedeutenden, dem Geringen; dem, was nicht zählt, was nicht zurückzahlt. Jesus weiß, daß in der Welt andere Tarife gelten. Er kennt sie ja genau so wie wir sie kennen: die, die nach oben drängen, die haben das ganz anders gemacht. Von „hinten anstellen" haben die nichts gehalten. Die haben keinen Augenblick daran gedacht, sich abwärts zu bewegen – die haben auf alles getreten, wenn es nur nach oben führte. Über die

Dienerrolle konnten sie nur lachen: die Meister der Ellenbogen, die rücksichtslos vollendete Tatsachen schaffen, die sich gleich mit jedem anlegen – nicht schön, aber wirksam. Das weiß ich, sagt Jesus, ich habe es ja auch zu spüren bekommen. Aber *mein* Weg ist das nicht. Und wenn ihr mir folgen wollt, ist es auch nicht euer Weg. Und als Jesus sieht, daß die Jünger immer noch nichts begreifen, ruft er ein kleines Kind, das auf der Straße spielt. Seht euch dieses Kind an, es ist klein, ungeschützt, angewiesen, hilflos. Wenn ihr euch nicht zu groß seid, euch um so ein Kind zu kümmern, so ein Kleines aufzunehmen in euer Herz, dann will ich euch sagen, wen ihr da aufnehmt: mich – und den, der mich gesandt hat.

Das Kind steht als Beispiel. Als Beispiel für alle, die angewiesen sind; für alle, die sich aus eigenen Kräften nicht zu helfen wissen, kranke Menschen, traurige Menschen, enttäuschte, verbitterte, verirrte, alte Menschen, die in Einsamkeit verkümmern wie eine vergessene Pflanze, Schuldige, denen keiner vergibt. Und Jesus sagt: wenn du dir nicht zu groß bist, zu einem von denen zu gehen, dann gehst du zu mir. Wenn du dir Zeit nimmst für einen dieser Menschen, dann hast du dir Zeit genommen für mich, dann bist du mit Gott in Berührung gekommen.

Wie kann der Mensch in Berührung kommen mit Gott? Jesus sagt: nicht, indem du dich zurückziehst, nicht indem du die Augen zumachst, sondern, indem du die Augen aufmachst, indem du zu denen gehst, die am Boden sind. Da findest du mich.

Wenn das wahr ist, dann sind diese Menschen nicht eine Last, sondern eine Gnade. Dann geht uns nichts ab, wenn wir uns um sie kümmern.

Wenn das wahr ist, daß wir mit Gott in Berührung kommen in den Hilflosen, den Ungeschützten und Schwachen, dann sind wir auf dem Weg nach unten – oben angekommen. Dann sind wir Erste – indem wir Letzte sind.

Ein Glas Wasser

Es gibt Evangelien, die sind wie ein Wechselbad: Sätze von größter Toleranz, Sätze von einer Gelassenheit, über die nur ein weites Herz verfügt: „Wer nicht gegen uns ist – der ist für uns“ – und daneben Sätze von einer radikalen Härte: mit einem Mühlstein um den Hals ins Meer geworfen zu werden – was für ein Bild! Jesus, der so viel Verständnis für menschliche Schwächen hat, geißelt hier unerbittlich ein Vergehen: die Verführung der Kleinen zum Bösen. Kleine und Unmündige sind besonders verführbar.

Sie sind gutgläubig und arglos. Sie vertrauen sich an. Lassen sich führen. Halten es gar nicht für möglich, daß sie verführt werden.

Wenn einer das erkennt und nützt das aus, dann liegt darin ein Betrug, dem der Unmündige hilflos ausgeliefert ist. Und darum nimmt Jesus so leidenschaftlich für ihn Partei. Früher hat mancher die Verführung der Kleinen beschränkt gesehen auf sexuelle Verführung. Das wird hier nicht ausgeschlossen – aber was ist mit der Verführung der Kleinen zum Egoismus, was ist mit der Verführung der Kleinen zur Gewalt, was ist mit der Verführung der Kleinen zur Gottlosigkeit? Den Kleinen werden manche Verführungen bereitet, deren sich die Verführer gar nicht bewußt sind. Aber wehe uns um der Verführungen willen, die wir wissend begehen. Das sind ernste Gedanken.

Aber dieses Evangelium ist nicht nur ernst. Es zeigt Jesus auch von einer beneidenswerten Weite da, wo die Jünger unnachgiebig und rigoros sind: Einer, der nicht zu ihrem Kreis gehört, tritt in Jesu Namen auf und handelt in Jesu Namen. „Wir haben versucht, ihn daran zu hindern.“ Wie oft hat sich das schon wiederholt! Und Jesus lächelt über diesen engen Eifer: „Hindert ihn nicht.“ Und dann kommt ein Satz, der es so sehr verdiente, daß ihn jeder, der sich zu Jesus zählt, zum Leitspruch seines Umgangs mit Menschen macht: „Wer nicht gegen uns ist, der ist für uns.“ Und dann das Bild, mit dem er das illustriert: „Jedes Glas Wasser, das euch einer zu trinken gibt, weil ihr zu mir gehört, wird belohnt."

Ein Glas Wasser! Das ist nicht viel. Das ist etwas Kleines in unserer Alltäglichkeit. Ein Glas Wasser, das ist nichts, was man sich merkt. Wenn uns einer fragt, was uns andere um Christi willen Gutes getan haben, dann fällt uns so etwas Geringes wie ein Glas Wasser bestimmt nicht ein. Dann fällt uns vielleicht ein, daß uns jemand einmal in einer schwierigen Entscheidung einen wichtigen Rat gegeben hat, oder daß einer uns einmal aus einer Verlegenheit geholfen hat, uns zu einer Aussöhnung verholfen hat, zu einem neuen Lebensanfang. Wir denken eher an große Dinge. Aber Jesus spricht von einem Glas Wasser. Das Kleine ist für ihn wichtig. In seiner Vision vom Weltgericht sind es wieder lauter *kleine* Dinge, die den Menschen die Seligkeit erschließen: ein Glas Wasser, ein Butterbrot, ein Besuch, ein verschenktes Kleidungsstück. Lauter Dinge, die zwischendurch passieren. Kaum wahrgenommen von uns. Von Jesus aber alle wahrgenommen.

Mir ist wieder die Geschichte vom Zwiebelchen eingefallen, die der große Russe Dostojewski als ein bemerkenswertes Beispiel erzählt hat. Es ist die Geschichte einer Frau, die aus ihrem Leben nichts Gutes aufweisen kann, weshalb ihr die Seligkeit auch nicht zuteil werden kann. Nur Böses, Egoistisches ist zu vermelden. So bleibt ihr der brennende See nicht erspart. Das bekümmert ihren Engel sehr. „Geh' noch einmal ihr ganzes Leben durch", sagt Gott zu dem Engel, „vielleicht findest du etwas, was *für* sie spricht. Du brauchst dich nicht zu genieren, wenn es klein ist, was du findest." Der Engel macht sich auf die Suche. Aber er findet und findet nichts. Schließlich begegnet der Engel einer alten Bettlerin. Und die erinnert sich tatsächlich an die Frau. „Es ist schon lange her. Ich ging an ihrem Grundstück vorbei. Sie war in ihrem Garten beschäftigt. Sie machte Zwiebeln aus. Ich sprach sie über den Zaun an, sagte, daß ich Hunger hätte, ob sie mir nicht etwas zu essen geben könnte. Sie schaute kaum auf. Ich solle machen, daß ich wegkäme, sagte sie, sie

hätte nichts zu verschenken, ihr schenke auch keiner was. Weil sie arbeite, hätte sie auch zu essen. Aber ich hatte Hunger. Und wer Hunger hat, der kann sich keinen Stolz mehr leisten. So überhörte ich ihre Kränkungen und bat, sie möge mir um Christi willen doch wenigstens ein paar Zwiebeln herüberwerfen. Da griff sie ein Zwiebelchen – und warf es mir über den Zaun. Das war alles."
Der Engel war sich nicht recht im klaren, ob er es riskieren konnte, mit dem Zwiebelchen zu Gott zu gehen und den Fall der Frau noch einmal aufzurollen. Aber weil das Zwiebelchen alles war, war der Engel gefunden hatte und er der Frau gerne geholfen hätte, zeigte er es Gott.
„Das ist nicht viel"; sagte Gott, „aber es ist auch nicht nichts. Versuche, sie damit zu retten. Halte das Zwiebelchen über den brennenden See.
Sie soll sich an den Würzelchen festhalten. Kannst du sie damit aus dem See ziehen, soll sie gerettet sein.
Der Engel tat so. Kaum hatte die Frau begriffen, was vor sich ging, da merkten es auch andere in dem brennenden See, sie schwammen herzu, in der vagen Hoffnung, mit ihr gerettet zu werden. Die Frau war schon bis zur Brust aus dem brennenden See heraus, als die anderen sie erreicht hatten. Sie klammerten sich an ihre Füße und Beine. Die Frau aber geriet über die anderen in Wut. Aus Angst, ihre Rettung zu gefährden, trat sie aus Leibeskräften nach den anderen, damit sie losließen. *Sie* wurde gerettet, und das sollte ihr keiner streitig machen. Und indem sie so strampelte und nach den anderen trat, rissen die Würzelchen, und die Frau versank wieder in den See. Da ging der Engel traurig fort.
Eine Geschichte, wie sie sich nur ein Russe ausdenken kann. Sie kann uns nachdenklich machen. Sie ist ein tiefsinniges Bild für Jesu Art – zu rechnen: daß die *kleinen* Gewichte so schwer wiegen.
Ein Glas Wasser! Manchmal sind wir unsicher und fragen uns, was wir denn gebracht haben – um Jesu willen. Viele Gläser Wasser! Viele! Es macht nichts, daß wir sie nicht gezählt haben. Das war gut so. Wenn wir sie nur geben!

Wie die Kinder

Was hat Jesus an Kindern so fasziniert? Warum hat Jesus ausgerechnet die Kinder zum Beispiel gemacht, wenn er allen zeigen will, worauf es ankommt? Kinder *sind* für Jesus so – wie wir *werden* müssen. Wir können nicht nur dies und das von ihnen lernen – sie sind ganz unerläßliche Vorbilder: Wer das Reich Gottes nicht annimmt wie ein Kind, kommt nicht hinein. Wenn ihr nicht werdet wie die Kinder...! Das ist nicht eine nette Floskel – das ist eine beschwörende Mahnung. Das läßt an Klarheit nichts zu wünschen übrig. Das heißt nicht: So wie die Kinder geht es *auch* – das heißt: Es geht *nur* so.
Ich denke, das ist auch eine der unterschlagenen Botschaften Jesu. Das müßte uns eigentlich erschüttern. Tut es aber nicht, weil wir längst eine billige Redensart daraus gemacht haben: Wenn irgendwo Männer anfangen, albern zu sein, dann kommentiert das bestimmt einer mit dem Satz: „Wenn ihr nicht werdet wie die Kinder!" Ich finde das nicht schlimm, wenn Männer mal albern werden. Ich bin das auch schon mal gern. Aber das ist etwas ganz anderes als Kindsein. So sein wie ein Kind – damit meint Jesus viel, viel mehr. Was kann er gemeint haben? Das habe ich einmal gefragt in einem Kreis älterer Menschen, Menschen also, die in ihrem Leben viele Kinder erlebt haben: eigene und fremde. Ich dachte mir, daß sie aus der Erfahrung ihres Lebens sagen könnten, was Jesus da gemeint hat. Nämlich – was macht ein Kind aus? *Wie* müssen wir werden, was das Kind schon ist? Und zwar das ganz *normale* Kind, nicht das ungewöhnlich Begabte, das Wunderkind. Es war ja ein Kind von der Straße, das Jesus in den Arm nahm, von dem er sagte: „So müßt ihr werden." Das normale Kind, auch nicht das durch Unordnung und frühes Leid verstörte Kind, nicht das Kind, das durch Verwahrlosung der Liebe daran gehindert ist, zu sein, was es eigentlich ist.
Es war wunderbar, daß sich die alten Leute gar nicht lange besinnen mußten, um diese Frage zu beantworten.

Vier Eigenschaften vor allem haben sie in vier einfachen Sätzen genannt.

Ein Kind ist klein. Diese Kleinheit ist aber doch eine Ohnmacht! Gewiß – aber die Kinder lehren uns auch die Macht der Ohnmächtigen. Ein Kind weiß, daß es aus eigener Kraft fast nichts vermag. Aber das will es auch gar nicht. Jedes Kind weiß, was wir verdrängt oder vergessen haben, daß der Mensch einer ist, der empfängt.

Das Kind ist bereit, zu empfangen. Und es empfängt. Wie schwer ist es, einem bittenden Kind zu widerstehen! Aus der Erfahrung, daß es empfängt, entwickelt es seine stärkste Kraft: das Vertrauen. Wenn wir unsere Kindheit hinter uns lassen und in langen Prozessen unsere eigene Form suchen, dann wehren wir uns dagegen, daß wir empfangen. Dann wollen wir von uns selber leben, von niemand abhängig sein. Und wieder in langen Prozessen erfahren wir, wie wenig es darauf ankommt, worauf wir vorübergehend so stolz waren. Unmerklich und leise öffnen sich dann wieder unsere Hände zum Empfangen: wie die Hände der Kinder.

Ein Kind ist natürlich – war die zweite Eigenschaft des Kindes, welche die alten Leute mir nannten. Natürlich: außen wie innen. Es will nicht scheinen – es ist. Kinder sind einfach. Verstellung ist ihnen von Natur aus fremd. Sie sind ganz spontan: in ihrer Freude, in ihrer Anhänglichkeit, auch in ihrer Zurückhaltung, wenn einer sie befremdet. Spontan schenken sie. Sie weinen, wenn ihnen danach ist, und sie können so unbekümmert lachen, weil sie sich noch richtig freuen können. Sie leben völlig in der Gegenwart, ganz im Augenblick: Ob man ihnen vorliest, ob sie einem was erzählen: sie sind ganz anwesend. Sie leben nicht mit dem gleichzeitigen Blick auf ihre Wirkung: Sie leben aus erster Hand. Das alles war gemeint mit dem einfachen Satz: Kinder sind natürlich, sofern ihre Natürlichkeit nicht Schaden gelitten hat, weil sie durch Ängste, durch Androhung von Gewalt, durch frühe Kränkungen eingeschüchtert sind.

Als dritte, für uns beispielhafte Eigenschaft des Kindes

nannten die alten Leute: *Ein Kind ist offen.* Sie meinten nicht so sehr jene Offenheit, die Eltern manchmal in Verlegenheit bringt – sondern dieses einfache Offensein für alles, was ihnen begegnet. Das Kind ist bereit aufzunehmen. Neugier und Wissensdrang machen es offen für die Erkundung der Welt. Es ist noch nicht festgelegt, noch nicht verschlossen. Es ist bereit, sich zu verändern.
So ist das Kind, wenn nicht üble Erfahrungen es mißtrauisch und verschlossen machen. Eine junge Heimerzieherin sagte mir: was sie besonders ratlos mache, sei die Erfahrung, wieviele Kinder sie kennenlernt, die keinen haben, auf den sie sich verlassen können! Was das heißt!
Schließlich wurde als wichtige kindliche Eigenschaft genannt: *Ein Kind kann spielen.* Ist das nicht selbstverständlich?
Ja – aber auch ganz wesentlich. Spielen kann doch jeder, denkt mancher. Leider nicht. Zweck und Nutzen prägen unser Leben. Immer muß eine Leistung erbracht, eine Pflicht erfüllt werden. Davon ist ein spielendes Kind frei – sofern es nicht schon früh in diesen schrecklichen Strudel der Verzweckung hineingezogen wird, in den Strudel von Leistung und Erfolg. Das Spiel befreit den Menschen aus aller Zweckmäßigkeit und schafft eine Welt, in der er sich selber findet. Diese Einsicht (Schiller hat sie einmal so formuliert) müssen wir erst mühsam wiederfinden. Ein Kind muß das nicht lernen, es tut das mit jener Selbstverständlichkeit, die jeder Meisterschaft eigen ist. Ich habe mich so gefreut über diese weisen Auskünfte alter Menschen. Für diese wunderbaren Eigenschaften des Kindes: Vertrauen und Natürlichkeit, Einfachheit und Offenheit, im Spiel nicht den Zweck, wohl aber den Sinn zu finden – dafür haben wir ein schönes Wort: Religion. Das war es wohl, was Jesus gemeint hat.

Ich bin dieser reiche Jüngling

Markus erzählt von dem Mann, der zu Jesus kommt und fragt, was er tun muß, um das ewige Leben zu erlangen. Von Matthäus erfahren wir, daß dieser Mann ein Jüngling war. Ich habe einmal versucht, mich in ihn hineinzuversetzen und ein Stück seiner Geschichte aus seiner Sicht zu erzählen.

In der ganzen Welt bin ich bekannt als der reiche Jüngling. Ich gelte als Versager. Was hat es mir geholfen, jahrelang ein braver Kerl zu sein, wenn ich es in der einen entscheidenden Stunde nicht gepackt habe? Das bedrückt mich tief. Damit Sie sich ein Bild machen können, will ich zuerst einmal meine Situation schildern. Es stimmt: Ich bin reich. Wir sind Kaufleute in der Familie. Wir sind es seit Generationen. Ich kann mit Stolz sagen, daß von uns nie einer betrogen wurde. Wir waren bekannt dafür, daß es bei uns reell zuging. Aber genau so bekannt waren wir dafür, daß wir mit Geld umgehen konnten. Ist das Sünde? Wenn das zu verwerfen ist, muß viel verworfen sein. Ich kann es mir nicht denken.

Als meine Eltern früh starben, war ich schon als junger Mann Besitzer eines großen Vermögens. Ich hatte das Glück, gute und wohlmeinende Freunde meines Vaters als Berater zu gewinnen. Die rieten mir, wie ich mein Geld am besten anlegen sollte. Sie wissen ja, wie das ist, wenn man sein Geld geschickt anlegt, vermehrt es sich von selbst. Selber zu arbeiten brauchte ich nie.

Ich könnte mein Geld gar nicht ausgeben, auch wenn ich ein alter Mann werde: Man kann höchstens zwei Filets am Tag essen und eine Flasche Wein trinken – es hat ja alles Grenzen. Gewiß – man kann sich viele Dinge kaufen, die einem das Leben schön und angenehm machen – aber auch da tritt eine Sättigung ein. Reisen ist amüsant und abwechslungsreich. Aber auch das ermüdet mit der Zeit und bringt von einem bestimmten Punkt an nichts Neues mehr.

Sie werden mich fragen, wenn das sich so verhält, warum

ich mich nicht davon trenne, wenn ich es doch nicht verbrauchen kann. Das habe ich mich auch schon oft gefragt. Wenn ich ehrlich bin, sind es zwei Gründe, warum ich mich nicht davon trenne: erstens – ich weiß nicht, ob Sie das verstehen – ich liebe mein Geld. Ich hätte das früher auch nicht gedacht, aber man kann sein Geld richtig liebgewinnen. Es ist ein Irrtum zu glauben, man könnte sich nur in Menschen verlieben. Auch in Geld! Ich habe so ungefähr im Kopf, wieviel es wert ist. Aber von Zeit zu Zeit muß ich es wieder zählen. Und wenn ich dann die Endsumme addiere, stelle ich fest, daß es wieder mehr geworden ist. Man trennt sich nicht von dem, was man liebt.
Der andere Grund, warum ich mich nicht von meinem Vermögen trennen kann, ist der: es gibt mir mehr Sicherheit als alles sonst. Das Land der Juden ist nicht erst Ende des 20. Jahrhunderts ein Krisenherd. Das ist es immer gewesen. Es beruhigt mich, mich in kürzester Zeit auf meine entfernte Besitzung absetzen zu können, wo meine Sicherheit und meine Freiheit garantiert sind. Aber abgesehen von der Großwetterlage – es beruhigt auch meinen Alltag.
Andere schöpfen die Sicherheit ihrer Existenz woanders her. Ich aus meinem Vermögen. Nun werden Sie mich für einen materialistischen Menschen halten. Das bin ich wohl auch. Aber glauben Sie mir – das ist nur die eine Seite. Wenn das alles wäre, ich wäre niemals in der biblischen Geschichte aufgetaucht. Aber es ist verbürgt in den heiligen Schriften, daß Jesus mich liebevoll ansah. Nicht meines Geldes wegen – weiß Gott. Er hat mich nur anzusehen brauchen, da hat er die Unruhe meines Herzens gemerkt, da hat er den Zwiespalt wahrgenommen, in dem ich mich schon lange befinde. Ich habe es nie zugegeben, aber mein Geld macht mich nicht glücklich. Ich liebe es – das ist wahr. Aber es befriedigt mich nicht – das ist auch wahr.
Da ist ein Hunger in mir, der durch Geld nicht gestillt werden kann. Wenn ich sage, daß meine Eltern mich religiös erzogen haben, dürfen Sie mir das abnehmen. Die „Religion unserer Väter“ war tatsächlich die Religion meiner Vorvä-

ter. Der Reichtum des jüdischen Erbes war bei uns lebendig. Wir waren nicht – wie viele Reiche – gleichgültig liberal wie viele Sadduzäer. Und wir waren auch nicht so eng und festgelegt wie viele Pharisäer. Das Große war groß, und das Kleine war klein. Die großen Gebote waren heilig. Als Jesus mich auf diese Gebote hinwies, konnte ich ehrlichen Herzens sagen: „Das habe ich von Jugend an befolgt." Das konnten damals übrigens viele sagen. Warum bin ich überhaupt zu ihm gegangen? Ich war so erregt, als ich vor ihm stand, daß ich auf die Knie gefallen bin. Das hatte ich noch nie getan. Was hat mich zu ihm gezogen, nach allem, was ich von ihm gehört hatte. Es waren nicht die Wunder, von denen alle redeten. Zugehört habe ich ihm oft, ich weiß nicht, ob er mich bemerkt hatte. Aber mehr als zugehört – habe ich ihn angesehen. Ihm fehlte alles, was mir zur Verfügung stand, und er war glücklich. In diesem Gesicht war eine Freiheit, von der ich nicht einmal träumte. Für ihn war Liebe kein Gerücht, sondern eine Wirklichkeit, vor der mein Geld zu Schein wurde. Wenn er sagte: „Mein Vater", spürte ich eine Geborgenheit und eine Sicherheit, vor der mein Vermögen sich wie eine Federwolke auflöste. Zuerst habe ich ihn abgelehnt, habe ihn lächerlich gemacht, habe mich mit Verstand und Gefühl gegen diese Herausforderung gewehrt, bis ich merkte, was für Scheingefechte das waren. Ach, es war ja im Grunde gar nicht mein Vermögen allein. Als ich vor ihm stand, sah ich meine Situation, wie wenn ein Vorhang sich hebt. Es ging um *mich! Ich selber* war der Reichtum, von dem ich mich nicht trennen konnte. *Ich* war unentwegt das Thema meines Lebens gewesen. Mein Leben war reich an Bewegung. Aber immer drehte es sich nur um mich. Er erfaßte das mit einem einzigen Blick. Nie werde ich diesen Blick vergessen. Mit einer Klarheit, wie ich sie vorher nicht gekannt hatte, traf mich die Einladung: Laß dich los. Ich sah es deutlich: beides zusammen ging nicht: seine Art zu leben – und mein Ich, um das sich alles dreht. Ich habe mich nicht gelöst. Mein Ich war stärker als der Wunsch, wie er zu leben. Den Rest kennen Sie: ich bin traurig weggegangen. Es ist eine Traurigkeit, die mich seither nicht verlassen hat, die ich zu überspielen suche, für die ich keinen Trost finde. Bedenken Sie, wenn Sie mich verurteilen, ich habe viele Brüder!

Nur im Geben ist das Leben zu haben

In dem Aachener Internat Haus Eich, in dem ich fünfzehn Jahre tätig war, führten Ordensschwestern den Haushalt. Sie haben gekocht, das Essen ausgegeben, Kranke gepflegt, Hausaufgaben nachgesehen, Büroarbeit gemacht, die Wäsche versorgt, Knöpfe angenäht, Pflaster aufgeklebt und vieles, vieles mehr. Sie haben einer großen Gemeinschaft von jungen Menschen ein Zuhause gegeben. Um 5 Uhr standen sie auf, und um 21 Uhr war ihr Tag zu Ende. Als sie – wegen Auflösung des Internates – nach 23 Jahren gingen, waren sie alle über siebzig. Ihr Leben lang hatten sie gedient. Und sie, die unaufhörlich gegeben hatten, besaßen nichts. Mit einem mittelgroßen Koffer kamen sie beim Abschied aus. Sie waren völlig aufgegangen in der Rolle des Dienens – und sind dabei glückliche Menschen gewesen – hochgeschätzt von allen Jungen und Erziehern. Auf sie und ihr unauffälliges Dienen trafen so sehr die Worte des hl. Paulus zu: „Ich bin arm und mache doch viele reich, ich besitze nichts und habe doch alles." Buchstäblich erfüllten sie den Satz des hl. Franz von Sales: „Wenn du alles getan hast, was zu tun dir aufgegeben war, dann halte das nicht für etwas Besonderes, sondern lege den Schlüssel unter die Matte und geh' still davon." Diese Schwestern taten etwas, was unzählige Mütter und unzählige andere auch tun: ohne Aufwand für andere da sein.
Als Jesus sich im Abendmahlssaal die Schürze umband und mit der Waschschüssel und dem Handtuch zu Petrus kam, war der erschrocken und wußte nicht, was er dazu sagen sollte. Daß Jesus so drastisch die Dienerrolle übernahm, wollte ihm nicht in den Kopf. Aber er wird das nie vergessen. Dreißig Jahre später wird er in seinem Brief schreiben: „Er hat sich unser angenommen und hat uns zu einem neuen Menschen gemacht. Er hat uns ein Beispiel hinterlassen. Und wir sollen seiner Spur nachgehen."
Es geht nicht um den Vorgang des Füßewaschens. Das war ein Beispiel. Alles kann Beispiel sein. Immer aber geht es

um die Entscheidung, die dem zu Grunde liegt und die unser Leben tiefer prägt als alle Entscheidungen sonst: Will ich mein Leben für mich leben – oder will ich mein Leben teilen. Haben oder geben. Keine andere Entscheidung hat so weitreichende Konsequenzen. Von keiner anderen Entscheidung hängt so sehr die Möglichkeit ab, ein glücklicher Mensch zu sein.

Jesus sagt: „Ich bin gekommen, mein Leben hinzugeben." Das ist die Überschrift über sein ganzes Leben. Wenn wir eine Überschrift über unser Leben formulieren sollten, würden wir das auch sagen? Viele unserer Zeitgenossen würden ganz spontan sagen: „Ich bin gekommen, um mein Leben zu verwirklichen!" Kann man es ihnen verdenken? Will nicht jeder von uns aus dem einen Leben, das wir haben, etwas machen?

Lange denken wir: Leben, das geht von selber. Lange denken wir, daß wir da unendlich aus dem Vollen schöpfen. Als Kinder hatten wir ein Spiel, da mußte man den anderen mit dem Ball treffen. Damit das nicht so schnell zu Ende war, hatte jeder zehn Leben, das war viel, da kam es auf eins nicht an. Acht oder sieben war auch noch viel. Und wenn man dann gar keins mehr hatte, dann wurden die Seiten getauscht, und es ging wieder von vorne los. Längst wissen wir, daß es diesen Seitenwechsel nicht gibt, daß wir nur meinen, unendlich aus dem Vollen zu schöpfen, daß wir viel schneller auf den Grund stoßen, als uns lieb ist. Jesus versteht das gut. Er unterstreicht selber die ganze Wirklichkeit, daß einer sein Leben verwirklicht. Das Leben gewinnen, ist auch für ihn nicht ein Ziel neben anderen, sondern *das* Ziel überhaupt. Es ist nicht nur schlimm, sagt er, wenn du dein Leben verlierst, es ist das Schlimmste, was dir überhaupt passieren kann.

Nachdem Jesus das menschliche Bedürfnis, das eigene Leben zu verwirklichen so gut versteht und so ausdrücklich bejaht, sagt er ebenso unmißverständlich, *wie* er sich das vorstellt: Es verwirklicht *der* sein Leben, der es verschenkt; es hat *der* was von seinem Leben, der es hingibt; es gewinnt der sein Leben, der es verliert. Aber das ist doch paradox, denkt man, das ist doch Unsinn. Das ist überhaupt kein Unsinn. Das ist das unerbittliche Gesetz des Lebens selber, und seine Bestätigung können wir erfahren. Wenn wir nämlich unser Leben für uns haben (retten) wollen, dann setzen wir uns selbst zwangsläufig an die erste Stelle, grenzen uns ab, entziehen uns den anderen, reden von dem, was *unser* Recht ist, verteidigen, bekommen es mit Neid zu tun, mit Eifersucht, klagen, klagen an. Das ist verständlich und hat viel Vernünftiges für sich. Bloß wirksam ist das nicht. Das vermehrt nur die Frustration. So gewinnt und verwirklicht man nicht sein Leben. Es hat sich noch keiner im Alleingang verwirklicht.

Du verwirklichst dein Leben, sagt Jesus, indem du es verschenkst.

Ich habe mich selbst verwirklicht, sagt Jesus, durch Hingabe. Es geht nicht anders. Nicht indem du dich pausenlos mit dir selbst beschäftigst, kommst du dir näher, sondern indem du dich aus dem Auge verlierst.

Nicht indem du anfängst zu zählen, gewinnst du, sondern indem du aufhörst zu zählen und zu messen.

Weigere dich nicht zu leiden. Die Kreuzschau ist kein Prospekt zum Aussuchen. Auch deine Arme sind am weitesten am Kreuz.

Hör' endlich auf, alles selbst in die Hand nehmen zu müssen und zu glauben, du seist für alles zuständig. Hör' auf, dich so wichtig zu nehmen, ständig über dich nachzudenken und von dir zu reden. Das hat nichts damit zu tun, sagt Jesus, daß du dir die Freude vorenthälst. Aber so wirst du die Freude niemals finden, weil deine Egozentrik dich blind macht.

Das hat auch nichts damit zu tun, daß du dir selbst nichts gönnst, weil du dich selbst nicht liebhast. Das hat nichts damit zu tun, daß du keinen Anteil hast an all den schönen Dingen dieses Lebens. All das ist auch für dich da. Deine Liebe zu den Menschen soll bei dir selbst beginnen. Aber dich und dein Leben wirst du nur dadurch verwirklichen, daß du aufhörst mit dem anstrengenden und fruchtlosen Krampf, dich selber zum Thema zu machen. Das Leben ist dem Lieben so verwandt – und nur im Geben ist es zu haben.

Und noch offener ist das Herz

Über dem Eingang einer Dorfkirche ist mir im Urlaub ein Satz begegnet, den ich bis heute nicht vergessen habe: „Porta aperta – et magis cor: die Tür ist offen – und noch offener ist das Herz.“ Ich ärgere mich jedesmal über eine verschlossene Kirchtüre. Kirchen sollten offen sein. Es ist schlimm, wenn ich schon an der Tür nicht weiterkomme. Aber wer eine Kirche betritt, erwartet mehr als einen Raum. Hinter der offenen Tür sucht der Mensch – ja was sucht er eigentlich: ein Herz.

Wessen Herz? Das Herz Gottes – so wie es ja die Tür zu seinem Haus ist. Aber wenn das alles nur so einfach wäre! Schwierig ist das aus doppeltem Grund.

Ein offenes Herz kann ja nur gefunden werden von einem Herzen, das selber sucht, also offen ist.

Unser Herz ist aber oft verschlossen. Nicht weil wir das so wollen, sondern weil uns das so widerfährt.

Es gibt Enttäuschungen, die stecken wir nicht einfach ein – und dann geht es weiter. Nach gewissen Enttäuschungen geht es überhaupt nicht weiter. Das legt sich über das Herz und schließt es zu.

Es gibt Leid, dessen Wunden heilt die Zeit *nicht*.

Es gibt Einsichten in unsere eigene Verfassung, die nehmen einem jede Lust, sich noch zu öffnen. Es gibt Demütigungen und Kränkungen, die andere uns zufügen – die tun weh, und sie verschließen uns noch mehr. Und wenn wir trotz all dem an der Tür ziehen, eintreten und Gottes Herz suchen, werden wir es dann finden – oder finden wir doch nur uns selber vor dem Schweigen einer Wand?

Welchen Fingerzeig gibt uns dazu das heutige Evangelium? Auf der Straße von Jericho sitzt der blinde Bartimäus und bettelt. In München habe ich in diesem Sommer mehr Bettler auf den Straßen gesehen als je zuvor. Wie ein stummer Vorwurf sitzen sie vor den Delikatessengeschäften und vor den Restaurants. Es sind heruntergekommene, ungepflegte Menschen – kein erfreuliches Bild. Keiner weiß zudem, wie bedürftig sie wirklich sind. Der Straßenbetrieb geht an ihnen vorbei, als wären sie gar nicht da. Sie sitzen mitten drin – und gehören doch nicht dazu. Damit sind sie ein bestürzendes Gleichnis: mitten drin – und gehören doch nicht dazu. So – wie der Bartimäus. Als er merkt, daß Jesus in seiner Nähe ist, macht er ihn durch Schreien auf sich aufmerksam. Er kann sich keine höfliche Zurückhaltung mehr leisten.

Zu verlieren hat er nichts. Mit seinem Geschrei macht er sich aber bei den Leuten noch unbeliebter. Ärgerlich fahren sie ihn an: „Halt doch den Mund!"

Seine Blindheit hatte ihn verschlossen gemacht. Daß er betteln muß – mitten drin und doch nicht zugehörig – hat ihn noch verschlossener gemacht. Und darüber legt sich jetzt noch die Abgeschlossenheit, als die Menschen ihn so schroff anfahren. Jetzt ist es, als ob alle Türen für ihn zu wären, so zu wie die Herzen. Für den blinden Bartimäus geht es jetzt überhaupt nicht mehr weiter. Und dann geht es *doch* weiter, denn Jesus ist stehengeblieben, er hat ihn gehört. Bringt ihn her, sagt er zu den Leuten auf der Straße. Hier passiert etwas ganz Wichtiges. Zwischen Jesus und dem Bartimäus sind diese Menschen da. Und die sind nicht nur *da,* die sind auch *unerläßlich* dafür, daß der Bartimäus zu Jesus kommt. Aber ehe Jesus die Menschen dazu bewegt: bringt ihn her, hat er ihren Sinn geändert. Er steckt sie an mit seiner Anteilnahme. Indem *er* sich um den Bartimäus kümmert, bringt er sie dazu, sich nun ihrerseits um den Mann zu kümmern. Sie sprechen jetzt eine ganz andere Sprache, sagen nicht mehr: „Halt doch den Mund!", sondern „hab' Mut, steh' auf, er ruft dich."

Sie sind es, die zuerst dem Bartimäus Mut machen. Sie sind es, die ihm zu Jesus verhelfen.

Hier gehen Türen auf. Hier werden Verschlossenheiten überwunden. Hier gehen Herzen auf: Hab' Mut, steh' auf, er ruft dich. Die Tür ist offen – noch offener ist das Herz. Zwischen der Tür Gottes und dem Herzen Gottes sind die Menschen.

Wer die Tür aufmacht und Gottes Herz sucht, der stößt auf Menschen, sagen wir ganz konkret, der gerät an Gemeinde. Kürzlich fragte mich jemand nach der Möglichkeit religiöser Erfahrungen. Früher hätte ich ihm ein paar Bücher gegeben. Ich habe ihm keine Bücher gegeben. Ich habe ganz spontan gesagt: Kommen Sie in die Gemeinde, sehen Sie kritisch zu, lassen Sie das auf sich wirken. Machen Sie da religiöse Erfahrungen. Ich weiß, das ist ein Risiko. Es ist alles aus, wenn einer die Gemeinde erfährt wie der Bartimäus die Leute: Halt' den Mund, deine Probleme interessieren hier keinen, wir haben selbst genug.
Aber alles fängt an, wenn Menschen sich vom Herrn anstekken lassen mit seiner Anteilnahme: Hab' Mut, steh' auf, er ruft dich. Die Tür ist offen – und noch offener ist das Herz.
Ich könnte Beispiele sagen, wie sich das ganz konkret ereignet. Wie schön, denkt mancher, ich habe das bisher nicht erfahren. Eher Verschlossenheit. Ich bin mitten drin und fühle mich doch nicht zugehörig.
Wir müssen aufpassen. Das Schwierige ist, daß wir immer sensibel sein müssen, immer aufmerksam für die leisen Zwischentöne, mit denen sich die Not signalisiert. Erst wenn er verzweifelt ist, schreit der Bartimäus laut.
Wenn dann endlich einer das Herz gefunden hat, vermittelt durch Menschen, die angesteckt sind von der Offenheit des Herrn, dann spielt sich derselbe Dialog ab wie damals auf der Straße von Jericho. Was willst du, daß ich dir tun soll? Herr, ich will sehen! Was für ein Gebet!
Ich will sehen. Mit dem Herzen will ich sehen. Die Wirklichkeit will ich sehen. Nicht die Bilder meiner Ängste, meiner Träume, meiner Verbitterungen, meiner Schuldgefühle. Ich will die Wirklichkeit sehen, wie sie ist.
Mich will ich sehen, wie ich bin: befreit, einfach ich selber.
Und du glaubst, sagt Jesus, daß ich das kann?
Da sagte der Bartimäus: Ja.

... wie dich selbst

Wenn man unter Christen eine Umfrage machen würde, in welchem Satz der Bibel unsere Religion am deutlichsten ausgedrückt sei, ich glaube, die meisten würden mit dem Satz antworten, mit dem Jesus die Frage der Schriftgelehrten beantwortete: „Gott lieben – und den Nächsten wie sich selbst."

Worin anders soll denn auch das Herz unseres Glaubens bestehen, wenn nicht darin. Das erste, was mir durch den Kopf geht, wenn ich das bedenke, ist: Was ist das doch für eine herrliche Religion, deren Mitte und Wesen durch diesen Satz geprägt ist! Durch viele Meditationen geht das wie ein Leitthema. Ich möchte heute auf die drei letzten Worte dieses ersten und höchsten Gebotes eingehen: *wie dich selbst.*

So selbstverständlich die Gottes- und Nächstenliebe als das wichtigste Gebot angesehen werden, so wenig selbstverständlich ist es, den Nächsten zu lieben *wie sich selbst.*

Die Selbstliebe ist vielen bis auf den heutigen Tag nicht geheuer. Bei vielen regt sich das schlechte Gewissen: Das darf man nicht. Viele fühlen sich gerade von unserer Religion her verpflichtet, die Selbstliebe als etwas Unerlaubtes abzulehnen – und wenn sie die Selbstliebe zulassen, sich dabei unwohl zu fühlen. Ich weiß aus meiner Erfahrung als Seelsorger, wie tief diese Hemmungen gehen und wie weit sie verbreitet sind.

Auf Jesus kann man sich da nicht berufen! Dennoch sind die Mißverständnisse in unserer Religion darüber groß und anscheinend nicht auszurotten.

Bei Jesus gibt es keine Spur von Mißverständnis: zwischen der Nächstenliebe und der Liebe des Menschen zu sich selbst steht bei ihm ein Gleichheitszeichen: so – wie. Nicht mehr und nicht weniger. Über eins muß ich mich wundern: Mit der unbefangenen Liebe des Menschen zu sich selbst, muß es vor 2000 Jahren besser bestellt gewesen sein als heute.

Sonst hätte Jesus die Liebe des Menschen zu sich selber nicht so selbstverständlich zum Maßstab machen können:

Wenn du wissen willst, wieviel du den Nächsten lieben sollst, nimm bei dir selber Maß: soviel, wieviel du dich selber liebst. Nun denke ich, daß sich bei manchen Lesern Einwände gemeldet haben. Das sei ja alles Wasser auf die Mühlen *der* Leute, die sich ohnehin viel zu viel lieben. Wenn etwas heute übertrieben werde, sei das ja gerade die Liebe zu sich selbst. Nein – so ist es nicht. Das sieht nur so aus. Das ist eine Verwechslung mit dem Egoismus. Darauf kommen wir noch. Aber damit hat die Selbstliebe nichts zu tun.

Glauben Sie mir: Mit der unbefangenen Liebe des Menschen zu sich selbst sieht es nicht gut aus: nicht nur bei Erwachsenen. Junge Menschen haben da genau so ihre Probleme.

Viele möchten sich ja lieben – wenn sie nur sicher wären, sie dürften das auch. Viele sehen überhaupt keinen Grund darin, sich selbst zu lieben – nicht so, wie sie sind, nicht mit eben diesen Eigenschaften. Ja, wenn sie anders wären, anders aussähen, andere Eigenschaften hätten, nicht gerade immer wieder diesen Fehlern verfallen würden – ja dann könnten sie sich lieben. Aber so können sie sich nicht annehmen, weigern sich, ja zu sich zu sagen, sind tief enttäuscht von sich. Wie viele Menschen können sich nicht leiden. George Bernanos hat recht im „Tagebuch eines Landpfarrers“: „Es ist leichter als man glaubt, sich selbst zu hassen!“

Ich möchte mit diesen Zeilen im Namen Jesu Menschen Mut machen, sich selbst zu lieben, die wunderbare Tugend der Liebe auch auf sich selber anzuwenden. Das dürfen wir nicht nur, das ist natürliches und göttliches Gebot.

Bei Besinnungstagen oder Seminaren bitte ich die Teilnehmer eine Zeitlang darüber nachzudenken, was sie einem Freund raten würden, der darunter leidet, sich selber nicht genug zu lieben. Die Antworten sind nicht nur sehr angemessen – sie sind auch sehr konkret. Wie lautet solcher Rat: Du hast ein Recht darauf, das wird dir von Jesus garantiert, dann bring' auch den Mut dazu auf. Mach' dir immer wieder Mut, sonst fällst du zurück und traust dich wieder nicht.

Jeder muß die Lösung individuell für sich suchen. Entlarve falsche Bescheidenheit. Gib' eigene Werte zu. Freue dich über alles, was dir gelingt. Denke, daß es schön ist, daß es dich gibt. Sei nicht ständig auf die Reste abonniert! Gönne dir auch selber was. Habe Zeit für dich. Lerne nein sagen, ohne unhöflich zu werden. Scheue nicht eine Bestandsaufnahme! Vielleicht mußt du Erziehungsfehler revidieren. Verdränge deine Fehler nicht. Du sollst deine Fehler nicht gutheißen. Fehler sind Fehler – aber du wirst nichts an ihnen ändern, solange du sie verdrängst. Auch deine Fehler wirst du erst dann ändern, wenn du sie zuerst einmal annimmst. Nimm auch an dir selber das Helle, Positive bewußter wahr als das Dunkle, Negative. Als der alte Theodor Fontane einmal gefragt wurde, wie ein sensibler Mensch wie Mozart mit den Widerwärtigkeiten des Lebens fertig geworden sei, hat der alte Fontane gelächelt und hat gesagt: „Indem er immer noch schönere Musik gemacht hat."
Zum Verwechseln ähnlich sieht die Selbstliebe der Egoismus, die Selbstsucht. Der Selbstsüchtige kennt nur sich selbst. Andere und anderes interessiert ihn nur unter der Rücksicht, was er selbst davon hat. Der Selbstsüchtige will haben, nicht geben. Schon das Wort Sucht macht darauf aufmerksam, daß hier etwas nicht stimmt. Der Selbstsüchtige ist krank. Er ist in seinen Beziehungen zu anderen und zu sich selbst gestört. Der Selbstsüchtige, der so aussieht, als ob er sich zuviel liebt, liebt sich gerade zu wenig. Es ist sein Problem, daß er nicht lieben kann, deshalb ist er mit allen möglichen Ersatzbefriedigungen darauf aus, daß ihm nichts abgeht. Er hat Angst, zu kurz zu kommen. Ihm muß man ganz anders helfen als damit, daß man ihm sagt: du liebst dich zuviel. Gerade das tut er ja nicht. Auch dem Egoisten wird nur einer helfen können, der ihm die Angst nimmt und der ihm zeigt, wie man sich selber liebt.

Vom Reichtum des Gebens

Was die arme Frau in den Opferkasten gesteckt hat, war wirklich nicht der Rede wert.
Aber für Jesus war das der Rede wert. Er versammelt deswegen seine Jünger um sich: „Habt ihr das gesehen?" Nein, sie hatten das nicht gesehen. Goldstücke hatten sie vorhin blitzen sehen bei den Reichen. Viel Geld! Jesus leugnet nicht, daß das viel war. Aber die kleine Münze der Frau, sagt er, das war noch mehr. – Himmlische Rechenkunst.
Natürlich zählt Jesus wie wir – und er weiß, daß hundert mehr ist als eins. Aber er zählt auch wieder nicht so wie wir; denn er zählt nicht nur, was er *sieht*. Er zählt etwas mit, was man leicht *übersieht:* die Gesinnung des Herzens. Und wenn man die dazuzählt, wird aus wenig – viel, wird Kleines – groß und Geringes – kostbar: Nicht an der Börse – aber bei Gott. Und das hat etwas Beruhigendes, daß Kurse nicht nur an der Börse gemacht werden.
Es ist eine der Wohltaten unseres Glaubens – zu hören, daß Gott so zählt. Wo blieben wir, wenn es nicht so wäre!
Geld und Opferkasten sind ja nur ein Gleichnis. Wie oft spüren wir voller Verlegenheit in unserer Hand die kleine Münze unserer unvollkommenen Bemühung: wir möchten helfen, sorgen, uns kümmern, Einfluß nehmen – aber was wir beisteuern können, ist nicht der Rede wert: Bald fehlen uns die Worte, bald die Kraft der Überzeugung, bald der Durchblick, bald das Durchhaltevermögen.
Aber für Jesus ist das der Rede wert. Er macht die Heiligen auf uns aufmerksam – und sagt von unserem Bißchen: „Schaut, das ist viel."
Ich erinnere mich an ein gutes Gespräch mit jungen Leuten über das Geben. Geben – das war für diese jungen Leute ein echtes Thema: Geben – nicht nehmen. Sie bestätigten aus den Erfahrungen ihres jungen Lebens, was Jesus dazu gesagt hat: Ob etwas viel ist – oder wenig, sagten sie, hängt davon ab, wieviel von uns selber darin ist. Und das konnten sie auch mit Beispielen belegen.

Wenn mir einer sein Vertrauen schenkt, dann ist das viel von ihm selber, denn im Vertrauen kommt er ungeschützt aus seiner Reserve heraus.
Wenn mich einer teilnehmen läßt an seiner Freude, gibt er mir viel von sich; denn in seiner Freude lebt er ja. Ebensoviel gibt er mir, wenn ich teilhaben darf an seiner Traurigkeit, an seinen Ängsten, an seiner Ratlosigkeit. Er ist jetzt traurig und ängstlich und ratlos – und davon etwas preisgeben – heißt, viel von sich selber geben.
Wenn ich einen Standpunkt habe und möchte den durchsetzen, und einer hat einen anderen, dann muß einer *nachgeben* oder beide. Da können wir manchmal zusehen, wie unbeweglich wir werden. Dann kann es sein, daß wir unseren Standpunkt noch vertreten, wenn wir schon längst spüren, daß der andere die Sache besser trifft, aber wir wollen nicht klein beigeben. Etwas *zugeben* ist manchmal schwer – aber wenn es mir gelingt, dann gebe ich viel von mir. Und dann tritt überhaupt nicht ein, was ich befürchtet hatte, daß ich jetzt dumm dastehe. Im Gegenteil: Indem ich einen Fehler, einen Irrtum, ein Versäumnis zugebe, löst sich der Krampf. Ich gebe mich wieder, wie ich bin – und das macht frei.
Was mich aber bei den jungen Leuten am meisten beeindruckt hat, das war – wie sie den Reichtum des Gebens im *Vergeben* entdeckten. Um Vergebung bitten – das ist schon schwer genug. Aber – einem anderen vergeben! Wer das kann, der vermag nicht nur das Schwerste – sondern auch das Schönste. Das richtige Vergeben ist gemeint.
Nicht jenes Vergeben, das wir nur deshalb geben, weil einer uns darum bittet – und nun können wir es nicht verweigern – aber unser Herz ist nicht dabei.
Gemeint ist auch nicht das Vergessen. Vergessen liegt ja nicht in unserer Hand. Enttäuschungen, Kränkungen können so tiefe Wunden und so harte Narben verursachen, die bleiben auch ohne unser Zutun. Im Vergeben wird nicht erwartet, daß mir etwas nachträglich egal ist und mir nichts mehr ausmacht.

Im Vergeben wird erwartet, daß ich den Schuldschein, auf dem es ja steht, wieviel es mir ausmacht, zerreiße. Daß ich neu mit einem anfange – trotz allem, was war. Ist das nicht zuviel erwartet? Aber genau das erwarten wir von Gott unser Leben lang: Fang neu mit mir an – trotz allem.
Ich werde es tun, sagt Gott, tust du es auch? Mit den Menschen, die bei dir in der Schuld stehen?
Wenn du das fertigbringst, sagt Gott, ist das für den anderen ein ganz unverdientes Geschenk – aber auch für dich ist es viel – eine Befreiung ist das auch für dich, nie ist dein Herz so weit und so frei, nie bist du so reich im Geben – wie wenn du vergibst. Es ist die uralte Frage, wie soll man auf das Negative reagieren, auf die Fehler und Unzulänglichkeiten in einem selbst, in anderen?
Soll man verurteilen, das Negative fixieren – oder soll man sich nicht darum kümmern, sondern vielmehr um das Positive, das Schlechte durch das Gute überwinden.
Mit einem Tropfen Honig bewegt man mehr Mücken als mit einem ganzen Faß voll Essig. Das sieht jeder ein. Aber mit erschütternder Hartnäckigkeit versuchen wir es immer wieder mit dem Essigfaß.
Einen Tropfen Lob zu geben ist mehr als ein ganzes Essigfaß Ermahnungen. Einen Honigtropfen Freude geben, die ansteckt, ist mehr als ein Essigfaß Forderungen, die nichts hervorbringen als Reserve.
Franz von Sales, von dem die Zeitgenossen sagten: Wie gut muß Gott sein, wenn der Bischof von Genf schon so gut ist, hat das so gesagt: „Man muß andere ertragen können – zuerst aber sich selber. Und man muß Geduld haben mit seinen Schwächen. Man darf sein eigenes Herz nicht zu arg demütigen."
Wie kommt ein Mensch zu so einer Reife, zu so einer Gelassenheit? Über die Antwort, die er gibt, kann man erschrekken, weil sie das Geheimnis des Gebens so unerwartet und radikal enthüllt: Seine Antwort heißt: „Nichts verlangen und nichts verweigern."

Wenn Jesus wiederkommt...

Das 13. Kapitel bei Markus beginnt mit der spontanen Bewunderung des Tempels durch einen der Jünger Jesu. „Sieh dir das an“, sagt er zu Jesus, „was für Steine und was für Bauten.“ Jesus folgt seinem Blick, aber er sieht ein ganz anderes Bild, ein Bild der Zerstörung: „Nicht ein Stein wird auf dem anderen bleiben.“ Ein Satz, der damals auf verständnisloses Staunen stoßen mußte: Wer sollte dieses Bauwerk zerstören! Das konnte sich keiner vorstellen. Flavius Josephus hat uns die Vernichtung des Tempels und den Holocaust unter der Bevölkerung Jerusalems im Jahre 70 durch die Römer in allen Einzelheiten geschildert. Daß wir uns etwas nicht vorstellen können, ist noch nie ein Beweis dafür gewesen, daß es nicht eines Tages passieren kann.
Aber das Staunen der Jünger wird noch größer, als sie hören – wie sich bei Jesus die Vision von der Zerstörung Jerusalems, von Krieg und Kriegsgeschrei weitet in die Vision vom Ende der Welt, wenn ein Volk sich gegen das andere erhebt, Naturkastastrophen ausbrechen und Verfolgungen, die Greuel der Verwüstung Formen annehmen, die kein Mensch mehr aushält, bis die Kräfte des Himmels ins Wanken kommen.
Als dieses 20. Jahrhundert mit soviel Fortschrittsgläubigkeit und Selbstsicherheit eingeläutet wurde, konnte kein Mensch sich vorstellen, welches Ausmaß an Zerstörung, Bedrohung und Angst vor dem Ende in diesem Jahrhundert Wirklichkeit würde. Am Ende dieses Jahrhunderts wissen wir, daß soviel Vernichtungsmaterial bereit liegt, daß es möglich ist, diese Erde in einen unbewohnbaren Mond zu verwandeln. Die Erfahrung, über die *wir* verfügen, sollte ausreichen, daß wir die Vision vom Wanken der Himmelskräfte nicht mehr so aufgeklärt/naiv abtun wie frühere Generationen das meinten, tun zu können. Und so fehlt es ja heute auch nicht an denen, welche die Zeichen erfüllt sehen, daß das Ende vor der Tür steht. Soviel solche Vermutungen auch für sich haben, so muß doch in aller biblischen Nüchternheit gesagt werden, daß dies Überinterpretationen sind.

Wie oft haben Menschen schon geglaubt, daß die Zeichen jetzt unübersehbar klar vorhanden sind. Gewiß, daß Menschen sich schon oft mit der Deutung geirrt haben, heißt ja nicht, daß sie sich immer irren. Aber wenn es soweit ist, hat Jesus gesagt, dann *wißt* ihr, daß es nahe vor der Tür ist. „Doch jenen Tag kennt niemand." Das ist eine so klare Aussage, aus der ich schließe, daß niemand heute legitimiert ist, die Umstände so zu deuten, als ob das Ende nahe ist.
Andere, auf den Spuren des Teilhard de Chardin, sehen das Ende der uns bekannten Welt erst in Millionen Jahren Wirklichkeit werden. Wie auch immer. Die Vision des Weltendes zielt bei Jesus auf etwas ganz anderes hin als auf Verbreiten von Angst. Wenn die Kräfte des Himmels ins Wanken kommen, ist das nicht der Anfang vom Ende sondern das Ende vom Anfang. Nämlich die Zeichen, daß der *Menschensohn* kommen wird mit großer Kraft und Herrlichkeit, *das* Ereignis, auf das alles hinzielt von Anfang an. Nun wollen wir unsere Phantasie jetzt nicht damit strapazieren, daß wir uns das vorzustellen versuchen. Wir können ja nur in Raum und Zeit denken, und diese Kategorien gelten dann nicht mehr.
Aber wenn wir uns das nicht vorstellen können – und wenn das möglicherweise erst in Millionen Jahren eintritt – dann wird das ganze seltsam blaß und hat nicht mehr viel mit unserem Leben im November 1985 zu tun. Uns aber interessiert doch immer: Was sagt das uns hier und heute?
Das sagt uns viel.
Wenn wir nämlich – in 100 Jahren oder in 100 Millionen Jahren – vor dem Menschensohn versammelt werden, dann ist auf einmal von lauter Dingen die Rede, die in unserem heutigen Alltag eine Rolle gespielt haben. Da identifiziert sich der Menschensohn mit den Menschen, denen wir, als sie uns leid taten, gut waren: Ich war das, der damals Hunger hatte, Durst, nichts anzuziehen, *ich* war das im Krankenhaus, im Gefängnis, *ich* war das in all den Verlegenheiten, um die du dich gekümmert hast. Und weil wir uns das alles einerseits nicht vorstellen können, das anderer-

seits aber soviel mit unserem heutigen Leben zu tun hat, möchte ich es in einem Gleichnis sagen.
Die Geschichte ist schon sehr alt. Sie stammt aus Indien. In einem indischen Land war ein junger König ans Regieren gekommen. Die Huldigungsadressen, die von überall eintrafen, waren überschwenglich, in den Formulierungen glichen sie sich sehr. Der junge König wollte es etwas genauer wissen, was sie von ihm hielten. So schickte er Botschaften in mehrere Städte mit dem Inhalt, er werde sie in den nächsten Tagen besuchen und ihre Anhänglichkeit persönlich in Empfang nehmen. Jede dieser Städte wetteiferte, ihm den besten Empfang zu bereiten.
Der junge König ließ sich von seinen Dienern in aller Heimlichkeit Bettlerkleider besorgen – und auf einem Pferd, mit dem wirklich kein Staat mehr zu machen war, ritt er in die erste Stadt ein. Auf dem Marktplatz waren alle versammelt. Er ritt vor die Tribüne des Bürgermeisters, stieg ab und sagte: „Ihr erwartet den König. Da bin ich." Ein Augenblick verärgertes Schweigen. Dann fing der Bürgermeister an zu lachen über diesen dreisten Spaß. Und alle lachten mit. Er solle sich einen Napf Reis aus der Armenküche geben lassen – und dann so schnell wie möglich verschwinden. Man habe hier Wichtigeres zu tun.
In der nächsten Stadt machte er es genau so, sagte, wer er sei, und bat, mit dem Empfang zu beginnen. Der Bürgermeister, der sich des Bedienungspersonals beim Festessen noch nicht so sicher war, ordnete an, mit diesem Spaßvogel eine Probe im Festsaal zu machen: eine Generalprobe zur Dämpfung der Nervosität – ohne das der „Probe-König" auch nur einen Bissen bekam.
In der dritten Stadt hatten sie überhaupt keinen Humor. Er wurde den Übermütigen freigegeben. Die hetzten ihn mit Steinwürfen durch die Gassen. Eine einfache Frau, die sich über das Treiben empörte, zog den Blutenden beherzt in ihr Haus. Ratlosigkeit in allen drei Städten, warum der König nicht gekommen war. Nach einer Zeit lud er die Würdenträger jener Städte – und auch die Frau – in sein Schloß. Der

Schrecken war groß, als er seinen Königsmantel abwarf und der Bettler vor ihnen stand, der nur jene Frau zum Mahl an seinen Tisch führte.

Der König voll Blut und Wunden

Am letzten Sonntag im Kirchenjahr wird uns noch einmal das kostbare Bild Christi gezeigt. Es ist der Christkönigssonntag. Aber das Christusbild des Evangeliums zeigt den leidenden Jesus. Am Abend vorher war er verhaftet worden, der Hohepriester hatte ihn vor dem Hohen Rat verhört. In ihrer Blindheit verurteilten sie ihn wegen Gotteslästerung zum Tode. Die Knechte hatten ihn anspucken dürfen und mit Fäusten geschlagen. Am Morgen wurde er vor Pilatus geführt, der wußte nichts mit ihm anzufangen und schickte ihn zu Herodes. Verständnislosigkeit und Spott überall. Herodes läßt ihm einen weißen Narrenmantel umhängen und schickt ihn zu Pilatus zurück. Das einzige, was dieses würdelose Hin und Her von Pontius zu Pilatus bewirkt: Herodes und Pilatus werden Freunde. Selten ist eine Freundschaft auf so minderwertige Art und Weise zustande gekommen.
Das ging diesem Gespräch zwischen Jesus und Pilatus voraus, als der ihn fragt: „Bist du ein König?“ Und wenn dieses Gespräch zu Ende ist, dann wird die blutige Passion beginnen, sie werden ihn geißeln, ihm eine aus Dornenzweigen geflochtene Krone auf den Kopf drücken, ein dreckiges Stück Purpurtuch um seine Schultern werfen und unter Gelächter die Knie beugen zu einer „königlichen“ Huldigung. Das alles müssen wir uns vergegenwärtigen, wenn wir die Pilatusfrage auf uns wirken lassen: „Bist du ein König?“ Die Frage tut weh vor dem Haupt voll Blut und Wunden. Die Macht des „Ecce homo“ ist die Macht des Ohnmächtigen.
Das ist vielleicht die erste Aussage des Christkönigsgedankens: Wir finden unseren Gott nicht jenseits unserer Passionen – sondern mitten darin. Wir glauben nicht an einen Jenseitsgott, der sich draushält aus unseren Passionen – unerreichbar für Blut und Schweiß und Tränen. Gelitten unter Pontius Pilatus – nicht nur an jenem Karfreitag. Gelitten – vom ersten Schrei nach der Geburt im Stall bis zum

letzten Schrei am Kreuz. Gelitten an der Borniertheit, am Egoismus und an den engen Herzen der Menschen. Was für ein Gottesbild, daß der menschgewordene Gott unsere Passionen mitleidet. Indem er sie mitleidet, verwandelt er sie aber auch.

In einem Stück von Jean Paul Sartre sagt einer: „Wenn Gott für mich ein Mensch würde – dann würde ich ihn lieben, ihn ganz allein. Dann wären Bande zwischen ihm und mir, und für das Danken reichten alle Wege meines Lebens nicht. Ein Gott, der Mensch wurde, gebildet aus unserem liebenswert elenden Fleisch, ein Gott, der erfahren wollte, wie der Salzgeschmack auf unserer Zunge schmeckt, wenn alles uns verlassen hat, ein Gott, der das Leid auf sich nähme, das ich heute leide..."

Es ist die Botschaft unseres Glaubens, daß das geschehen ist: Gott in unseren Passionen.

Jesus hat dem Pilatus in diesem letzten Gespräch auch gesagt, von welcher Art sein Königtum ist: „Ich bin dazu in die Welt gekommen, damit ich für die Wahrheit Zeugnis ablege." Das ist vielleicht die zweite Aussage des Christkönigsgeheimnisses. Pilatus quittiert diese Offenbarung mit der müden Skepsis der Frage: „Was ist die Wahrheit?" „Die Wahrheit ist konkret", lautet ein bedenkenswertes Wort von Lenin. Die Wahrheit ist nicht blaß wie Papier, blutleer wie Tinte, abstrakt wie Gedanken. Die Wahrheit ist greifbar. Sie ereignet sich. Und wenn sie sich ereignet, ist sie eine Herausforderung, der man sich stellen muß.

Pilatus hat nicht die Absicht, sich ihr zu stellen. Mit der Selbstsicherheit des Machers stellt er Jesu Wahrheit infrage. Was ist denn deine Wahrheit?, fragt er Jesus. Weißt du, was du morgen bist? Morgen bist du tot. Tot und begraben. Das ist deine Wahrheit! Und hier geht alles weiter wie gewohnt. Sie feiern ihr Fest wie alle Jahre. Der Kaiser bleibt Kaiser. Der Landpfleger bleibt Landpfleger. Das ist meine Wahrheit.

Du sagst, daß die Liebe eine Macht ist – die größte von allen. Das ist deine Wahrheit. Sieh dich um: Hier starrt alles

vor Waffen. Hier regiert die Gewalt. Sehr wirksam, wie du siehst. Das ist meine Wahrheit.
Du sagst, wie ich gehört habe, stecke dein Schwert ein – und wer nach dem Schwert greift, soll durch das Schwert umkommen. Das ist deine Wahrheit. Ich sage: Zieh dein Schwert schneller als der andere. So wirst du sie lehren, daß sie dich zu fürchten haben. Das ist meine Wahrheit.
Du sagst, Geben sei seliger als Nehmen. Das ist deine Wahrheit. Und ich sage: Wer sich nicht nimmt, was er kriegen kann, der ist so blind, wie er es verdient. Das ist meine Wahrheit. Glaubst du vielleicht, Reiche entstehen durch Geben? Das wäre etwas ganz Neues. Das müßtest du schon einführen. Aber viel Zeit hast du nicht mehr dazu.
Du sagst, das Herz zähle mehr als das Äußere – der Groschen einer armen Frau könnte mehr wert sein als das Goldstück eines Reichen.
Das ist deine Wahrheit. Ich sage dir: Es zählt nur, was man zählen kann. Alles andere sind Märchen und Seifenblasen. Das ist meine Wahrheit.
Du sagst: Der Mensch lebt nicht vom Brot allein. Das ist deine Wahrheit. Und ich sage dir: Brot und Zirkus – und du kannst sie um den Finger wickeln und mit ihnen machen, was du willst. Das ist meine Wahrheit. Dieser Pilatus hat schon viel für sich – bloß die Wahrheit nicht. Die Wahrheit über den Menschen zu sagen im Angesicht seines Todes! Er ist dafür gestorben. Dieser Tod war für die einen das Zeichen, daß seine Wahrheit am Ende war, für die anderen die letzte Glaubwürdigkeit seiner Wahrheit.
Unter einer Darstellung „Jesus am Kreuz" habe ich einmal den Satz von Camus gelesen: „Wenn meine Arme nur weit genug sind – alles zu umfassen."